非上市企业之 股权激励

赵英杰◎著

中国铁道出版社有限公司
CHINA RAILWAY PUBLISHING HOUSE CO., LTD.

内 容 简 介

本书是介绍股权激励基本知识、操作流程、股权激励工具以及方案模板和法律文件范本的综合性用书，可为非上市企业提供股权激励系统、科学的介绍和指导。

本书是通过作者为不同行业、不同企业设计的股权激励方案以及以股权设计方案为基础，论述股权激励的概念、特征以及股权激励涉及的步骤、工具等知识，同时介绍以往所用到的股权激励方案模板和文件，可为个人创业者、企业创始人、企业的经营管理者、律师以及其他为企业提供股权激励服务的专业人士提供参考。

图书在版编目（CIP）数据

非上市企业之股权激励/赵英杰著. —北京：中国铁道出版社有限公司，2020.1
ISBN 978-7-113-26263-1

Ⅰ.①非… Ⅱ.①赵… Ⅲ.①股权激励－研究 Ⅳ.①F272.923

中国版本图书馆CIP数据核字（2019）第210738号

书 名：非上市企业之股权激励	
作 者：赵英杰	
责任编辑：张亚慧	读者热线电话：010-63560056
责任印制：赵星辰	封面设计：MXK DESIGN STUDIO

出版发行：中国铁道出版社有限公司（100054，北京市西城区右安门西街8号）
印 刷：三河市宏盛印务有限公司
版 次：2020年1月第1版 2020年1月第1次印刷
开 本：700 mm×1 000 mm 1/16 印张：15 字数：230千
书 号：ISBN 978-7-113-26263-1
定 价：59.00元

近些年国际经济形势动荡、贸易摩擦不断，我国民营企业、家族企业遇到了人才和资金短缺等问题。企业缺少资金，缺少管理型、技术型人才，而企业自身培养的人才流失又很严重；企业中又出现了一些"大白兔"现象的员工，虽很听话，但是不会做事，没有责任心等情况导致企业发展困难。

随着问题的出现，一些解决问题的方式也就跟着出现了，如介绍引进了一些新的管理制度、股权制度等。近几年来，股权投资、合伙人制度、股权激励引起了广大创业者、企业经营者的重视，此类的需求也越来越多。但是大家对如何做、谁负责等问题比较迷茫，能否真正起到预期效果也是创业者、企业经营管理者们所担心的问题。

本书以为不同行业、不同企业设计过的股权激励方案以及以股权设计方案为基础，为大家论述了股权激励的概念、特征以及股权激励涉及的步骤、工具等知识，同时也为大家介绍了以往股权激励过程中用到的股权激励方案模板和具体的股权激励文件。

股权激励是一个比较专业的课题，股权激励制度也是一个比较复杂和专业的制度，真的做起来需要了解企业的内部人（创业者、企业的经营管理者们）以及懂得股权激励的专业人员一起配合来做，否则生搬硬套很容易"水土不服"，不仅不能起到预期效果，还会导致出现反作用。

企业的内部人员仅仅了解企业本身是不够的。本书旨在让读者对股权激励有所了解、有所掌握，知道如何运用和如何配合专业进行股权激励。

作者也毫无保留地将自己的经验以及涉及的一些法律文件范本提供给大家，仅供参考。另外，由于作者水平有限，书中难免存在不妥和疏漏之处，恳请广大读者批评、指正。

编　者

2019 年 10 月

| 目 录 |
CONTENTS

第一章
什么是股权激励

本章主要内容包括：

➤ 股东与管理人员之间是互相矛盾且统一的

➤ 股权激励是解决股东与经营管理人员矛盾的利器

➤ 自主创业不易，不如"傍大款"

➤ 股权激励可以有效施行竞业禁止条款

➤ 股权激励的概念及特征

➤ 股权激励的相关概念及法律

➤ 股权激励涉及的相关法律文件指引

一、股东与管理人员之间是互相矛盾且统一的

近些年来，我以律师、咨询顾问、创业辅导老师的身份为成百上千家企业提供了诸如培训、咨询、讲座、诉讼、非诉讼等方面的服务；也配合政府走访了几十个省份，上百个县镇，参与政府主导的促进中小企业发展的调研，调研的企业达几千家，深入了解我国中小企业发展的现状；通过自身业务服务以及参与政府的调研活动，掌握了大量的企业数据和相关信息，同时为企业解决了大量实际问题。

我自己也是一名创业者，创办了自己的咨询公司和律师事务所。我创业的过程也遇到了各种各样的问题，也用股权激励的方式解决问题，并取得了较好的效果。

在参与政府对中小企业有关发展、现存问题等的调研过程中，以及通过律师工作、咨询公司服务企业的过程中，结合自己创办公司及律师事务所遇到的问题、掌握的信息得出的结论是：我国中小企业在发展初期的主要问题和矛盾集中在人才、资金、市场三个方面。

我国中小企业的发展初期一般都是以个体工商户、小公司、小微企业的形式存在的，这些企业的投资者基本上是企业的经营者，有的既是投资者、经营者也是销售或者生产人员，整个企业一般就是几个人而已，有的还是"夫妻店"。人力资源、资金、市场对这些企业的发展来说是相对匮乏的，但是随着企业的不断发展壮大，市场大了、人员多了、资源丰富了，如果还是仅凭借企业当初的一个或者几个创始人是无法管理好一个大中型企业的；一个小微企业能发展成为一个大中型企业是需要时间的，并且这个时间也是比较长的，其发展过程也是比较耗费创始团队人员的精力的。很多小微企业成功

地发展成为大中型企业后，创始人的身体和精力已经严重透支了，而一个大中型企业的维持和发展需要更多的人力投入进去，此时的创始人是难以支撑整个企业的发展需求的；同时一个大中型企业的发展需要更多的资金，就需要引入其他投资者，而此时投资者可能对这个行业、这个企业也不是很了解，即便是了解这个行业或者企业，一般的投资者也不会参与到具体的企业管理当中去。所以一个大中型企业想要维持好并有所发展就需要更多的人力资源投入才行，同时也需要完善企业的组织管理结构，不能再搞一言堂，不能一人既当指挥官又当士兵了。

如上所述，企业发展到一定程度不能仅仅是创始人、投资者进行经营和管理，非股东身份的管理人员加入企业参与经营成为必然，也就形成了对职业经理人的需求。职业经理人一般是投资人或者股东雇用来负责企业经营的，从而形成了企业与企业经营者的分离。

在创业初期，企业投资者和经营者是一致的，企业的股东与管理人员是一体的，因此股东与管理人员的利益也是一致的；但是随着企业的不断发展壮大，就会有了非股东身份的管理者加入，这时就出现了股东与非股东两种身份，身份不一致、利益不一致、思想也就不一致，也就必然会导致股东与经营者之间出现矛盾。

发展至此，多数企业形成了股东委托管理者对企业进行经营管理，大股东或者创始人处于退休或者半退休状态，即便是没有退休也是一般只负责企业的统筹规划或者是企业的战略工作了；企业涉及日常的、具体的经营管理一般由公司聘请的职业经理人组成的管理层负责了。

此种情况下，股东们想要保持企业的发展方向与自己的思想一致，并实现股东们的所有者权益，就需要通过聘用的管理者去实现。那么这些管理者们仅仅具有工作能力是不够的，还需要具有较高的职业道德素质。但是管理者的经营管理能力、道德水平一般无法预知和估量，即便管理者的管理能力很强，但是道德水平未必高。人都有一种趋利避害的本能，很多时候管理者可能在不经意的情况下会出现一些利己行为。例如：出差乘飞机要享受商务舱、高铁要坐商务座、酒店要住五星级、各种补助都要较高标准，就连休假制度都要最完善的等。出现上述情况，就需要股东加强对企业的控制、监督和规范，要建立健全管理机制和管理机构，传统的做法是建立"三会一层"（股东会、董事会、监事会以及管理层）制度，形成"三权分立"的体系以及独立董事制度，其目的就是为了将企业的所有权、经营权、监督权相分离，也为了让企业的所有者与管理人之间互相制衡、相互监督、互相促进。

采用了所谓的"三会一层"以及独立董事制度，就形成了"三权分立"，有分立就有矛盾，企业的股东与企业的管理人员也必存在一定的矛盾。这种矛盾主要体现为股东需要通过企业可持续地创造利润以及企业股权的增值来实现其投资的目的，体现股东的价值（分红或者股权溢价等价值）；而管理人员则要通过对企业的经营及管理实现其个人价值（工资、奖金、提成、社会保险、年休假等福利）。在某些情况下，管理人员的个人价值往往与企业的最终价值存在一定的矛盾，企业的管理人员不是股东，但管理着企业，拥有权利，也就很可能利用经营企业的便利去获取个人利益，容易发生一些道德风险，损害企业或者股东的利益。为了解决这个问题，股东就需要对管理人员采取一系列的约束和监督措施，保证管理人员在取得个人利益的同时也要实现股东的投资目的和价值，但是仅仅是约束和监督是不够的，也需要与一系列的激励措施相结合。

二、股权激励是解决股东与经营管理人员矛盾的利器

前文中我们论述了股东与经营管理人员之间存在着矛盾，那么解决这个矛盾需要采取一系列的约束、监督和激励措施，这里一系列的措施，包含激励措施，也包含约束措施。

约束措施一般都是制度约束、道德培训、监督及审计部门监督、工作目标确定、绩效考核等，常用的是在进行培训协议签署中约定服务期限、监事

会设立、审计部门审计、独立董事的设立、竞业禁止协议签署以及绩效考核方案制订和实施等方式。

企业的激励措施主要有物质激励、目标激励、期望激励、参与激励、信任激励、赞美激励、事业激励、竞争激励、授权激励、挫折激励、危机激励、负面激励、培训激励、晋升激励、创新激励、荣誉激励、股权激励、感情激励、文化激励等。

从激励的形式来说主要有两类：物质激励和精神激励。有的激励形式可能会同时兼具物质激励和精神激励两种功能，例如晋升激励就包含了涨工资和职务的提升，职务的提升自然也就是企业或者领导对其工作的认可，也就包含了相应精神层面的激励。

从激励的期限来说可分为短期激励和长期激励两种。工资、奖金等物质激励更侧重于短期激励，晋升激励、事业激励、股权激励则更侧重于长期激励；当然也有的是兼顾了短期激励和长期激励的，现在很多企业做的股权激励也不仅仅是"放长线"了，也是考虑了激励对象的短期利益的。

那么，上述措施中哪些是激励与约束并存的，哪些更适合中小企业、非上市公司，哪些是能让管理者更主动地发挥其价值为企业和股东实现经营的目的和价值呢？

其实，没有最好的，只有更适合的。如何选择我们不能替股东们做决定。但是笔者可以将自身的经验介绍给大家，也可以将笔者比较擅长、也是现在比较流行的股权激励介绍给大家，供大家参考。

本书要介绍的股权激励更侧重于物质激励还是精神激励呢，是属于长期激励还是短期激励呢，是以激励为主还是约束为主呢？

让我们自己带着思考去阅读吧！可能会有不同的观点和发现。

我认为，不仅仅是股权激励，任何一种约束或者激励措施都仅仅是一种工具，能否发挥效果，需要看是否适合这个企业。每个企业都有不同的特点，每个方案都不能生搬硬套，只有适合自己企业的激励方案才是最好的，才能起到预期的效果。本书仅仅介绍股权激励，并不劝导各位在自己的企业里全面推行股权激励，股权激励是否适合、如何利用还需要企业的主要领导和专业人士进行沟通协商后，确定是否采用以及采用什么样的具体激励方案。

我个人认为，股权激励实际上是一个非常符合现代中小企业发展需求的激励模式，它既体现了物质激励又体现了精神激励，它既包含了短期激励又包含了长期激励，它是激励与约束并存的完美结合。

有人认为，股权激励主要是激励对象通过分红和股权增值等方式得到物质回报，所以股权激励属于物质激励的范畴。

但是我个人则认为这种观点是片面的。因为股权激励不是将股权或者一些其他权利白白送给激励对象的，而是股权激励对象达到一定的条件以后可以用优惠的价格或者条件受让股权而已，激励对象是需要支付对价或者做出贡献的。

然而，支付了对价的股权也未必都能超额获得分红或者股权增值的，即便多数情况激励对象能够通过所获得的股权从企业获得丰厚的分红和较高的股权增值，但是股权激励也不仅仅是为了让激励对象从分红和股权增值得到物质回报。股权激励的主要标的是股权，股权类似于物权，但是又不是物权，股权的属性也就不仅仅在于物质上，股权还有其他价值的体现，这是股权激励的真正价值体现。股权激励除了会让激励对象获得分红及股权增值以外，还能让激励对象感到归属感、参与感，成为企业的主人，这样更会激发激励对象主动创新、主动改革，从这点来说更能从精神层面体现股权激励的价值并兼顾了物质激励的功能。

股东与企业的管理者、核心员工之间是存在一定矛盾的，然而他们之间也是存在统一的，是矛盾和统一的结合。在企业的整体利益方面他们是统一的，而在各自的利益体现方面又是不一致的；并且只要是人都是趋利避害的。那么如何将矛盾最小化，将统一的利益最大化是创始人和股东需要认真思考的问题。笔者认为，股权激励就是这样一种最有效的方法。

股权激励不同于其他激励模式和治理方式，它有其独特的地方，即股权激励会将管理层和核心员工转变成企业的股东，将创始股东的梦想变成了大多数有用人才的共同事业，使管理层、核心员工为了自己的事业而奋斗，同时也完成了创始股东的目标，也就实现了创始股东与管理层、核心员工的利益一致性，从而同甘苦，共患难。

所以，股权激励是解决企业股东与管理者之间矛盾的主要方式之一，在双方之间的对立统一中使矛盾更小，目标更统一。

三、自主创业不易

在"大众创业，万众创新"的呼声之中，其实真正能够创业成功的人只占少数。我国民营企业的生命周期是 3～5 年，真正创业成功的也不过 1/3。就我所看到的一些数据而言，企业创业成功率基本上低于 1/3。

创业成功率很低是因为不是随便谁都能够创业成功的。初创期的企业，人才和资金短缺是普遍存在的现象。那么你就可能需要身兼数职，需要懂很多的跨行业、跨专业的知识和经验（例如法律知识、会计知识、营销知识、管理知识、科研知识、经验等），然而一般人是不可能拥有这么多知识的，也不可能学到这么多知识。如果我们用现有的时间去学习，那么就会付出很多的精力和时间；因为缺钱你还需要变卖家产，要承受企业的压力、家庭的压力；很多时候我们都严重睡眠不足以及身体严重透支，导致对身体的摧残，影响身体健康，很多创业者在创业的过程中就是因为身体健康原因不得不退出这个企业，这也是创业失败的原因之一。

在企业开创之初，我们都认为自己是很优秀的，也看到了诸如马云、马化腾等人的成功案例。可是你看到的只是那些没有倒下的人，那些众多倒下的人你看到了吗？那些创业失败的人，因为逃债，东躲西藏，被列入失信名单，难以与家人相聚；有的还会被公安机关网上追逃；还有很多创业失败者，走投无路，想一了百了。这些你都看到了吗？

其实我们很多创业者有着太多的不足，还要承受极大的压力，导致创业成功率非常低。只有个别能力突出，综合素质特别强，又有各种资源的幸运儿才能够在创业的路上经得起"九九八十一难"。

而我们每一个自主创业的人，都有一个梦想，有一个创造自己事业的雄心壮志，想让自己的光芒照耀一切，哪怕这光芒只有一秒。

既然如此，我们就需要不断地努力和奋斗，不努力哪能成功？如上所述，创业不易，创业有失败的风险，那么我们怎么去创业，去寻找我们的那一片光芒呢？

自主创业是不易，但是我们可以"傍大款"的。比如腾讯的张小龙、阿里的蔡崇信，他们也都是成功的创业者，都有自己的光环。但是他们不用承受巨大的压力，也不用身兼数职，不用既要懂得软件开发又要懂得会计、法律、营销、融资、管理等知识，他们只专攻其中一项就可以了。

在大的平台中创业，找一个"大款"，其实可以更好地完成自己的梦想，成就自己的事业。因为在这个平台中，你不用考虑方方面面的因素，也不用考虑什么人才、资金的因素，这个平台中有人才、有资金，我们只需考虑如何利用这些人才和资金，更好地发挥出自己的优势，提高创业的成功率。

当然有人也会说，大平台哪是那么好找的？其实我说的这个"大款"，未必是创业已经成功的。蔡崇信在加入阿里的时候，阿里还没有现在的辉煌，也仅仅是一个初创企业。但是他有了马云这个"大款"，马云当时也缺钱、缺人才，但是为什么说他是大款呢？因为马云有综合素质，经历过之前的创业，也能够承受巨大的压力，具有这种素质的人、能够承受巨大压力的人，才能称之为"大款"，我们可以优势互补，共同创造辉煌。

现在很多已经成熟的企业，也是很缺专业人才的，为了吸引人才，股东们也都想得很透彻，会拿出一部分股权进行股权激励，或者是奖励。其实我们完全可以加入这样一家企业，利用我们自身的专业能力，去获得比较成熟和稳定的企业的股权，似乎更靠谱一些。所以，我鼓励有专业能力的人员参与到企业的股权激励当中去，把握好当下企业股东的这种让渡股权的行为和机会，最终获取成熟企业的股权，实现我们的创业梦想，寻找我们的那片光芒。

四、股权激励可以有效施行竞业禁止条款

在某些情况下，为了"绑定"人才，除了签订劳动合同以外，还要签署一个竞业禁止协议或者直接在劳动合同中加入竞业禁止条款。

竞业禁止又称为竞业回避、竞业避让，是用人单位对员工采取的以保护其商业秘密为目的的一种法律措施，是根据法律规定或双方约定，在劳动关系存续期间或劳动关系结束后的一定时期内，限制并禁止员工在本单位任职期间同时兼职于业务竞争单位，限制并禁止员工在离职后从事与本单位竞争的业务，包括不得在生产同类产品或经营同类业务且有竞争关系或其他利害关系的其他业务单位任职，不得到生产同类产品或经营同类业务且具有竞争关系的其他用人单位兼职或任职，也不得自己生产与原单位有竞争关系的同类产品或经营同类业务。但是这种禁止行为应是以劳动法为依据的，并且如果要求员工离职以后也要禁止从事竞争行业，就需要进行一定的补偿，该补偿需要在劳动关系结束以后的一定时间内按月支付，但是很多企业在员工离职后都是没有支付这部分补偿金的。

但是，如果是对公司主要管理人员进行了股权激励，那么这些人员就成为企业的股东，对于股东就可以用公司章程以及股东合作协议进行特殊约定，即便不支付补偿，也是可以通过合理的条款设计达到竞业禁止的目的，所以股权激励可以真正施行竞业禁止条款。

五、股权激励的概念及特征

如前所述，股权激励是解决企业股东与管理者之间矛盾的主要方式之一，但是很多人还不是十分了解什么是股权激励。以下重点讲解股权激励的概念及特征。

股权激励是指公司以本公司股票（股权）为标的，对公司"复杂劳动者"实施的中长期激励。所谓的"复杂劳动"是指经过一定时期专门的训练和教育，具有一定科学文化知识或技术专长、质量较高的劳动力的耗费，包括以更高的效率创造现有使用价值或创造新的使用价值的创新型劳动。

所谓"复杂劳动者"是指公司高级管理人员、骨干职工（含技术骨干等），以及公司认为人力资本不可替代或替代成本偏高的其他人员。

概括地说，股权激励就是一种通过绩效考核使企业的经营管理层、核心技术人员、核心销售人员等核心成员获得企业股权，从而取得股权带来的收益并承担相应的股东责任的一种激励形式。通过股权激励可以使企业的经营管理层、核心技术人员、核心销售人员等核心成员享受一定的经济利益和企业的经营参与权利，使他们能够以股东的身份参与企业的决策、分享企业利润并承担经营风险，从而勤勉尽责地为企业的长期发展提供服务；最终让员工从只重视工资、提成、奖金，到自觉地撸起袖子和创始人一起加油干。

股权激励的特点主要体现在以下几个方面：

1. 利益一致性

股权激励的标的是企业的股权，是让符合条件的管理人员及核心员工获得企业奖励的股权，从而使得这些管理人员及核心员工成为企业的股东，与企业的创始人、其他股东的利益尽量保持一致。

这样一来，股权激励就能够激发管理层、核心员工的事业心、责任心，把企业作为自己的事业，全方位地、主动地激发他们的潜能去成就自己的事业，也即自觉地为创始人及其他股东的梦想而奋斗。实际上实施股权激励的企业成为管理层及核心员工的创业平台，成为创始人及其他股东实现创业梦想的王牌。

例如，微信的开发者张小龙就是在腾讯内部创业，实现了自己的价值，成就了自己的事业，同时得到更多实惠的是马化腾与其他大股东。张小龙、马化腾以及其他大股东都得到了回报，达到了一个共赢的结果。

再如马云，他就是成功地利用了股权激励这个王牌，为他汇聚了冲锋陷阵的"十八罗汉"，共同打造了阿里巴巴这个事业平台，也成功地缔造了阿里巴巴这个企业帝国。阿里巴巴的成功也使"十八罗汉"创造了自己的事业，也就有了自己的亿万身价；也让马云能够成就商业帝国的同时去完成另外一个武侠梦——成功拍摄《功守道》。

2. 物质奖励特点

股权激励首先是带有一定的奖励性质，虽然激励给管理人员及核心员工的股权一般是有偿转让的，但是这个转让价格是远远低于市场价格的。有的还不需要激励对象用现金购买，会通过企业帮助激励对象从银行获得贷款或者企业、大股东进行资金出借，有的是企业或者大股东的无偿赠予。无论哪种形式，激励对象在获得股权的时候就已经是体现了一个差价，免费获得了溢价部分；并且随着企业的发展，激励对象也就可以通过获得的股权来分享企业的分红以及股票的增值。

例如，阿里巴巴多年来坚持按约定给员工股权激励，偶尔还会搞一搞"中秋亲友购股"计划，让员工及其家人大呼"过瘾"。阿里巴巴的股权激励创造了数十个亿万富豪，上百个千万富豪，这都是物质奖励的直接体现。

除了阿里巴巴外，2004 年腾讯上市，创始股东及通过股权激励原始股的员工造就了 5 位亿万富翁，7 位千万富翁，100+ 百万富翁。

2005 年百度上市，创始股东及通过股权激励原始股的员工造就了 8 位亿万富翁，包括李彦宏、刘建国、徐勇、梁冬、朱洪波等；50 位千万富翁；

240 位百万富翁。

通过上述数据和案例我们可以看出，在某些情况下，股权激励就是一种资金奖励的方式，具有很强的物质奖励性质。

3. 参与权激励

一个人的精力是有限的，创始股东一人很难支撑整个企业的发展局面。起初创始股东的精力可能是无穷的，其贡献也是巨大的，但是随着企业的发展壮大，一个人的精力却是远远不够的，创始股东身体过度透支、精力有限、知识缺乏等短板问题就会不断出现，为了企业的进一步发展就必须要引入人才一起来实现企业的梦想。然而一般的激励很难让管理层和核心员工全心全意地参与进来，创始人无法实现"吃苦在前，享受在后"的"享受"，在企业已经发展到一定程度的时候还不能休息或者享受成功创业带来的福利，只能艰难地继续奋斗，而自己的奋斗是有限的，遇到了"天花板"是无法突破的。孙悟空一个人再有本事，也是无法取到真经的，只有在强大的团队配合下才能最终取得胜利，所以必须要引入其他人与自己一起奋斗，从而实现远大的目标。股权激励就可以让管理层和核心员工等与老板绑定到一起，让他们参与到企业的经营与决策当中，主动、自觉、全心全意地为企业服务。

股权激励会使企业的管理人员及核心员工获得企业的部分股权，从而成为企业的股东。激励对象成为股东后除获得了分享利润、分取剩余价值以及股票增值的财产权利外，随之也拥有了参与企业经营管理决策的权利；在成为股东的同时也需要承担企业经营的风险，这就使这些企业的管理人员及核心员工不仅会关注销售业绩及奖金，还会更加关注企业的成本核算、整体利润情况，也会主动关心其他人给企业造成的损失以及怠工行为等，会主动提醒其他人员节省成本，创造利润，因为这个关系到了他们自己的利益。这都是从细节上参与公司经营的体现，同时他们也会主动关心企业的长远发展，真正对企业负责，他们清楚对企业负责就是对自己负责。

例如阿里巴巴的"十八罗汉"中，多数进入了阿里巴巴的合伙人体系。阿里巴巴的合伙人制度是阿里巴巴管理的核心，在阿里巴巴的运营中起着决定性的作用，他们可以决定董事会成员的候选人名单，从而实现控制企业、决定企业的发展走向、坚持企业的发展理念。阿里巴巴的"十八罗汉"充分地参与到了企业的经营与决策当中，保证了合伙人的权利，同时也解放了马云；正是因为有了有效的合伙人制度，有了"十八罗汉"的加入，马云才能有机会到各地去演讲，享受鲜花和掌声；才有机会去参演《功守道》，53岁的马云才能够实现年少时未完成的梦想，享受成功创造商业帝国后的幸福生活。这些都是因为有了利益绑定到一起的"十八罗汉"，"十八罗汉"也能积极主动地从股东的角度参与到企业的经营中，为马云分忧，保证了企业的人才需求，保证了企业的发展方向。

4. 短期激励与长期激励相结合

有的人说股权激励是一个长期的激励方式，一般周期是 3 ～ 8 年，根本起不到短期的激励效果。我个人则认为，股权激励是短期与长期相结合的激励方式，因为股权激励虽然周期一般比较长，但是它可以起到短期激励与长期激励相结合的效果。激励方案一开始可以通过条件设置等限定一般公司人员参与，企业的经营层及员工为了能参与到股权激励计划当中去，就会充分发挥他们的积极性；股权激励依托于绩效考核方案，其考核基本上都是以年度为单位的，这样结合绩效考核方案也就可以起到短期的激励与约束效果；到了行权的时候，激励对象为了能够顺利行权，还需要完成一定的任务，这样还会再次激励对象的积极性；到将股权转让兑现的时候更是会激励他们的积极性，想要兑现股权价值就需要股权增值，若要股权增值就需要创造企业的利润与成长性，激励对象就会自觉地为企业创造利润、提高股权价值。

5. 物质奖励与精神激励的结合

股权激励具有物质奖励性质，同样也具有一定的精神激励性质。企业的管理人员和核心员工通过股权激励获得了股权后自然而然地会将自己与公司融为一体，主动地关心公司，参与公司经营，在公司取得成就后同样会认为是自己的成功，这既是参与感的体现，也是精神上的价值体现，也就有了精神层面的鼓励性质。

同时创业成功后人们会对他们给予认可和肯定，因此也就有了阿里巴巴的"十八罗汉"、腾讯的"四大天王"、新东方的"三剑客"。

这些自我认可和荣誉称号都是精神层面的激励，这种精神层面的激励的作用并不亚于物质奖励，而且还会更为长久和持续。

6. 约束与奖励并存

股权激励是一种奖励，可以获得物质及精神层面的奖励；但股权激励同时也是一种约束措施。因为只有经过绩效考核后，完成了一定任务，符合一定标准和条件的管理人员及核心员工才有资格参与股权激励计划。获得了股权激励的资格后还需要有一段时期的锁定期、有限售期以及服务期，在这些期限里激励对象还需要受到严格的约束和考核，需要完成对企业的承诺及服务期限。

正是阿里巴巴、腾讯、新东方的股权制度激励了这些人才，同时也约束了这些人，最终也成就了这些企业。

股权激励作为一种激励方式，它同时还兼具事业激励、危机激励、感情激励等特点。这些特点不再详述，可通过本书中的股权激励方案及案例进行了解和体会。

本文列举了很多阿里巴巴的例子，除了阿里巴巴以外，我们还可以列举一些成功的股权激励的案例。华为虽没有上市，但是华为成功的股权激励使得行业的顶尖人才争先恐后地去华为面试，华为的员工也特别有归属感和责任感，并且华为通过股权激励实现了只有上市才能实现的目的，实现了股权的流通性与股权的增值，并且华为在发展初期通过股权激励获得了发展资金，解决了资金短缺的问题。现阶段华为的股权激励在节约现金流的情况下最大限度地激励着华为的全部员工。华为运用股权激励很成功，但是华为并非是唯一一个通过股权激励成功的企业。例如阿里巴巴，通过股权激励留住了蔡崇信，得到了"十八罗汉"；还有小米、腾讯、京东、泸州老窖等成功的企业，分别通过股权激励满足了不同阶段、不同程度的需求，后文中我们将逐步进行分析。

华为的股权激励案例：

华为的股权激励是根据每个时期的不同阶段制订了不同的股权激励方案。首先创业期的华为一方面需要拓展市场、扩大规模而需要大量资金，另一方面为了与同行业进行竞争更需要不断创新、研发而需要大量科研投入，再加上华为当时是一般的民营企业，所以出现了融资困难。所以，在无路可走的时候任正非带领华为优先选择内部融资。内部融资不需要支付利息，存在较低的财务困境风险；不需要向外部股东承诺较高的回报率，同时又可以将企业与员工绑定从而激发员工努力工作。

1990 年，华为第一次提出内部融资、员工持股的概念。当时参股的价格为每股 10 元，以税后利润的 15% 作为股权分红。那时，华为员工的薪酬由工资、奖金和股票分红组成，这三部分的数额几乎是相当的。其中股票是在员工进入企业一年以后，依据员工的职位、季度绩效、任职资格状况等因素进行配发，一般需要用员工的年度奖金购买。如果新员工的年度奖金不够支付配发的股票款项，则企业协助员工获得银行贷款购买股权。

华为采取这种内部融资方式，一方面降低了企业现金流风险，另一方面增强了员二的归属感、责任感，稳住了创业初期的团队。也就是在这个阶段，华为完成了"农村包围城市"的战略任务，1995 年销售收益达到 15 亿元人民币，1998 年将市场拓展到中国主要城市，更是在 2000 年在瑞典首都斯德哥尔摩设立研发中心，海外市场销售额达到 1 亿美元。

在互联网泡沫时期，华为对股权激励方案又进行了相应调整。2000 年互联网泡沫的出现，使 IT 行业遭受到毁灭性的打击，IT 行业融资出现空前困难。2001 年底，由于受到互联网泡沫的影响，华为进入了发展历史上的第一个冬天，此时华为开始实行名为"虚拟受限股"的股权激励方案。华为的虚拟受限股是指企业授予激励对象一种虚拟的股票，激励对象可以据此享受一定数量的分红权和股价升值权，但是没有所有权，没有表决权，不能转让和出售，在离开企业时自动失效。虚拟受限股的发行维护了华为企业管理层对企业的控制能力，不至于像其他出现泡沫的 IT 企业出现管理问题。

2003 年，华为开始了自愿降薪活动。因为是非典时期，国内经济受到严重影响，互联网泡沫的影响还未消除，华为又遭受重创，出口市场受到严重影响。为了摆脱困境，华为内部号召企业中层以上员工自愿提交"降薪申请"，同时又进一步实施管理层收购，稳住员工队伍，使得企业与员工共同渡过难关。

2008 年，由于美国次贷危机引发的全球经济危机给世界经济发展造成重大损失，新一轮经济危机出现，华为又采取了新的股权激励措施。2008 年 12 月，华为推出"配股"公告，此次配股的股票价格为每股 4.04 元，年利率逾 6%，涉及范围几乎包括了所有在华为工作时间一年以上的员工。由于这次配股属于"饱和配股"，即不同工作级别匹配不同的持股量，比如级别为 13 级的员工，持股上限为 2 万股，14 级为 5 万股。大部分在华为总部的老员工，由于持股已达到其级别持股量的上限，并没有参与这次配股。之前有业内人士估计，华为的内部股在 2006 年时约有 20 亿股。按照上述规模预计，此次的配股规模在 16 亿 ~ 17 亿股，因此这是对华为内部员工持股结构的一次大规模改造。这次的配股方式与以往类似，如果员工没有足够的资金实力直接向企业购买股票，华为以企业名义向银行提供担保，帮助员工购买企业股份。

通过华为股权激励成功的案例可以看出，要做出有效果的股权激励方案就需要个性化设计，需要根据不同的企业以及企业的不同时期做出不同的股权激励方案。

六、股权激励的相关概念及法律

上文介绍了股权激励的概念、性质和特点，要全面掌握股权激励，还需要了解与股权激励相关的关键词的概念及股权激励的几个重点工具，这些关键词及工具主要有股权、股票、干股、注册股、期权、期股、分红权、授予日、禁售期、解锁期、行权、持股平台等。大家了解这些相关的概念和工具，有利于我们后期操作股权激励、运用股权激励。

1. 股权

股权也叫作股东权，是基于对公司的出资行为或者出资承诺而享有的权利。股权是任何公司类型中的股东都普遍享有的权利，可作狭义和广义两种解释。狭义的股权，是指股东因向公司出资或者承诺出资而享有的权利。广义的股权，是基于股东对公司的认缴出资的行为从而享有的股东权利和义务的总称。值得注意的是，股权不属于物权范畴，股权类似物权，但不同于物权。股东权利可分为自益权和共益权、单个股东权和少数股东权、一般股东权和特别股东权、固有权和非固有权、财产权利和管理权利，主要表现为分红权、剩余价值分配请求权、决策权、知情权、质询权、申请解散企业及清算的权利、回购请求权、代表企业诉讼权、直接诉讼权、股权转让权、召集股东会的权利、优先股认购权等；股东义务主要是出资义务，还包括忠诚义务、诚信义务、清算义务等。

只要你对公司出资或者承诺出资就会享有该公司的股东权利，但是也会根据实缴出资和认缴出资、持股比例和持股时间的不同而享有不同的权利。

例如，分红的时候我们可以约定按照实缴出资比例分配，也可以按照认缴的出资比例分配；要求解散公司的权利就属于单独或者合计持有公司10%以上股权的股东。

2. 股票

股票是指股份有限公司签发的证明股东按其所持股份享有权利和承担义务的书面凭证，是股份公司为筹集资金而发行给各个股东作为持股凭证并借以取得股息和红利的一种有价证券，证明股东按其所持股份享有权利和承担义务的书面凭证。股份有限公司签发的股票是一种有价证券、证权证券、流通证券、要式证券、风险证券。

有朋友可能不理解为什么只有股份公司才有股票，有限公司没有吗？回答是肯定的。有限公司没有法律意义上的股票，有限公司一般是有公司出具出资证明书，并将股东情况登记到公司登记机关，一般是工商局或者行政审批局。但是股份公司登记机关只登记发起人的情况，即便发起人将股份进行了转让，公司登记机关登记的发起人还是原来的发起人，变更事项不在公司登记部门的登记范围内；股份公司的股票交易，如果是上市公司一般是在股票交易所（上交所或者深交所进行登记），非上市公司是有限公司自行登记记名股票的交易，不记名股票的交易以交付为准，谁持有就算作谁享有权利。

每股股票都代表股东对公司拥有一个基本单位的所有权，同一类别的每一份股票所代表的公司所有权是相等的。每个股东所拥有的公司所有权份额的大小，取决于其持有的股票数量占公司总股本的比重。

也就是说同股同权，股份公司没有 A、B 股制度，也不允许 A、B 股的设立。

股票是股份公司资本的构成部分，可以转让、买卖，是资本市场的主要长期信用工具，但不能要求公司返还其出资。

很多人都误解股票就是二级市场上炒股用的那种，其实发行股票的不仅仅是上市公司，很多非上市股份公司的股东拥有的股份也是股票。

例如，某 A 公司，注册资本 1000 万元，拆分股数也是 1000 万股，1 元一股，员工小亮出资 100 万元，小亮也就拥有 100 万股的股票。

3. 分红权

分红权是指股东按照所持的股权或者股份分取利润的权利。《中华人民共和国公司法》规定"公司股东作为出资者按投入公司的资本额享有所有者的资产权益"，这种资产受益的权利就是股东的分红权。企业股东可以将分红权转让或赠予给其他人。受让人或受赠人仅仅成为该产权的受益人，不拥有该产权的其他权利。

相关公司法律规定，股东分红在有限责任公司一般是按照实缴出资比例进行分配，股份公司是按照出资比例，没有明确说明实缴和认缴的比例，但是公司章程另有约定的除外。在公司成立的时候以及进行股权激励的时候都是需要特别注意有关公司法规的相关条款，并依据法规要求对公司的章程进行特别的设计。

有了"章程约定的除外"这样的规定，我们也就可以利用分红权进行相应的股权激励设计了。

4. 实际控制人

实际控制人是指虽不直接持有公司股份，或者其直接持有的股份达不到控股股东要求的比例，但通过投资关系、协议或者其他安排，能够实际支配公司行为的自然人、法人或者其他组织。

有人经常会把实际控制人与控股股东混淆，其实控股股东与实际控制人是不同的概念。根据《中华人民共和国公司法》第二百一十六条第二款的规定："控股股东，是指其出资额占有限责任公司资本总额百分之五十以上或者其持有的股份占股份有限公司股本总额百分之五十以上的股东；出资额或者持有股份的比例虽然不足百分之五十，但依其出资额或者持有的股份所享有的表决权已足以对股东会、股东大会的决议产生重大影响的股东。"第二百一十六条第三款的规定："实际控制人，是指虽不是公司的股东，但通过投资关系、协议或者其他安排，能够实际支配公司行为的人。"这里需要特别说明一下，法律所说的"人"，如果没有特指是自然人，很有可能是包含自然人、法人或者其他组织的。

因此，我们通过《中华人民共和国公司法》的规定就可知，控股股东与实际控制人的根本区别在于是否直接持有公司股份，控股股东直接持有公司股份，而实际控制人不直接持有公司股份。

5. 注册股

注册股，其实并非是一个法律上的概念，也并非是正式书面语言。注股多在口语交流中使用，实质是指有限公司在工商登记部门登记备案中显示的股份及所持有情况。

一般情况下，实际股东都会如实在工商登记部门登记，股东在工商登记部门登记拥有的股权就是注册股；但是有的时候注册股股东未必是股权的真实拥有者，有的是代替别人持有的。现在我国认可了股权代持行为，很多不方便自己直接持股的人或单位会安排其他人或其他单位代为自己持有股权，在工商登记部门登记，而实际出资是股权的实际拥有者，实际的股权拥有者在公司的决策、经营中起着股东作用，收取着公司分红。有的公司其他股东也不知道真实的股权拥有者是谁，仅仅知道代持人或代持企业，这个时候在公司进行表决或者领取分红的时候都是以代持股东的名义，代持股东与实际股东之间一般是按照股权代持协议来确立和维护他们之间的关系的。

注册股在股权激励中起到了一定的权利划分与区别的作用，有的时候它是一种权利的保障，在达到一定条件的时候才会将激励对象的股权做成注册股，因为在工商登记部门登记后就会产生对外效力，可以对外宣布这部分股权就是我的，有一定的依据了。

例如：小明成功开设了 A 公司，虽然公司是小明一个人开的，但是他把自己和女友小丽注册成为股东，那么小明和小丽在工商局登记的股权就是注册股。

6. 优先股

优先股是一种介于普通股票和债券之间的一种混合证券。所谓的"优先"，主要指在利润分红及剩余财产分配的权利方面优先于普通股。

7. 持股平台

持股平台，就是作为集中持股的一种方式，在股权激励中主要是指由公司内部激励对象出资认购本公司部分股权，委托一个专门机构（例如职工持股会、信托基金会、工会委员会、专门成立的公司或者合伙公司等）托管运作，集中管理，并参与董事会管理，按股权或者股份分享红利的一种股权安排方式。

华为做股权激励是卓有成效的，华为员工基本上都持有公司的股份，但是并不是将员工全部登记到公司的登记机关作为股东，而是利用持股平台的方式进行间接持股，华为的持股平台就是华为投资控股有限公司工会委员会。

8. 授予日

授予日，是指根据股权激励方案及股权授予协议的内容正式授予给激励对象股权或股份的日期。

9. 禁售期

禁售期，是指IPO一定时期内，上市企业非流通股东不得在二级市场销售所持的股份。设置禁售期的目的是为了避免非流通股集中时，瞬间扩容对市场带来的下跌压力。在股权激励中一般也会设定一个禁售期，要求获得股权或者股份激励的员工会在一定期限内禁止全部或者部分转让所获得的股权或者股份，这个期限就成为股权激励的禁售期，有时候也称为锁定期。

10. 解锁期

解锁期，是指禁售期满后员工可以对自己手中股票进行自由出售的时间段。

11. 行权

行权，是指权证持有人要求发行人按照约定时间、价格和方式履行权证约定的义务。行权有时间限制，是在指定期间（行权期）行使权利，既不能在行权期之前，也不能在行权期之后。

七、股权激励涉及的相关法律文件指引

《中华人民共和国公司法》及相关司法解释

《中华人民共和国合同法》及相关司法解释

《中华人民共和国合伙企业法》

《中华人民共和国劳动法》

《中华人民共和国劳动合同法》

《中华人民共和国劳动合同法实施条例》

《关于中关村高新技术企业产权激励试点工作的复函（财政部、科技部财管》

《境内上市公司外籍员工参与股权激励资金管理办法》

《国务院办公厅转发财政部科技部关于国有高新技术企业开展股权激励试点工作指导意见的通知》（国办发〔2002〕48号）

《财政部科技部关于实施〈关于国有高新技术企业开展股权激励试点工作的指导意见〉有关问题的通知》（财企〔2002〕508号）

《关于高新技术中央企业开展股权激励试点工作的通知》（国资厅发分配〔2004〕23号）

《关于组织北京市中关村科技园区国有高新技术企业和企业化转制科研院所开展股权激励试点工作的通知》（国资厅发分配〔2006〕1号）

《关于印发〈国家高新技术产业开发区高新技术企业认定条件和办法〉的通知》（国科发火字〔2000〕324号）

《国家高新技术开发区外高新技术企业认定条件和办法》（国科发火字〔1996〕018号）

《国有控股上市公司（境外）实施股权激励试行办法》

《国有控股上市公司（境内）实施股权激励试行办法》

《上市公司股权激励管理办法（试行）》

《国有控股上市公司（境外）实施股权激励试行办法》

《国有控股上市公司（境内）实施股权激励试行办法》

《股权分置改革工作备忘录第 18 号——股权激励计划的实施》

《关于上市公司股权激励备案工作有关问题的通知》

《信息披露业务备忘录第 8 号——股权激励期权授予登记》

《信息披露业务备忘录第 9 号——股权激励期权行权确认》

《关于开展加强上市公司治理专项活动有关事项的通知》

《股权激励有关事项备忘录 1 号》

《股权激励有关事项备忘录 2 号》

《股权激励有关事项备忘录 3 号》

《上市公司股权激励规范意见（试行）》（征求意见稿）

《关于规范国有控股上市公司实施股权激励有关问题的补充通知》（征求意见稿）。

第二章

为什么要做股权激励

本章主要内容包括：

➤ 股权激励的意义

➤ 股权激励不是上市企业的专利

➤ 几种需要进行股权激励的情形

➤ 股权激励有利于做好税务筹划

一、股权激励的意义

前文介绍了什么是股权激励，股权激励能够解决哪些主要问题。本节的主要内容是股权激励的意义，即为什么要做股权激励，做股权激励的优势主要体现在哪几个方面等。

1. 进行股权激励可以留住和吸引人才

企业的发展主要靠的是人才和资金，而好的人才留住了，管理就不是问题了，市场也不是问题了，资金同样也就不是问题了，企业的发展问题也就随之解决了。企业发展的根本问题就是人才的问题，仅仅靠工资制度、奖金制度以及提成制度是不足以留住人才的，即便是一时间可以留住人才，也很难让这些人才积极、主动地发挥其潜在的价值。那么企业就需要结合其他的激励方式组合起来留住人才。笔者认为股权激励就是一个最为有效的激励措施。

良好的股权激励机制还有利于引进外部优秀的人才，为企业发展源源不断地输送营养、增加动力，使得企业能够在激烈的人才竞争中获得优势。

2. 保障企业的发展战略及长期规划得到落实

毋庸置疑，企业的发展需要人才，企业战略以及具体策略都需要人才去执行，这也就需要人员的稳定，尤其是核心人员的稳定。每个人都有自己的想法，所以只有稳定的人员才能执行好既定的战略和策略。股权激励可以吸引和留住人才，通过股权激励有利于人才的稳定，长期地为企业服务，从而有利于企业长期战略及规划保持不变，有利于各项措施的落实。

3. 股权激励有利于提高公司凝聚力和战斗力

高端人才不仅仅是想通过劳动换取报酬,更希望有一份自己的事业,那么通过股权激励可以让激励对象成为股东。这就会使这些人才与创始人、大股东的利益保持一致,激励对象也就有了归属感和认同感,提升了他们的忠诚度,同时也会自觉地激发了创业的激情,这样可以激发激励对象更努力、长期地为企业服务,真正的从打工仔转变成撸起袖子加油干。

企业内部人才有了创业的激情和干劲,就容易形成长期稳定的团队,也有利于提高团队的凝聚力和战斗力。激励对象获得股权后,身份的转变也就意味意识的转变,激励对象也就认为有了自己的事业,当然这个事业是公司的共同的事业,激励对象会自发地为共同的目标去奋斗,并且会互相监督、互相促进,充分体现激励对象的参与感,激发了激励对象的积极性和创造性,从而提高了整体的凝聚力和战斗力,有利于减少内耗,集中精力图发展。

4. 股权激励可以解决企业资金问题

股权激励也会在一定程度上解决资金问题。如果企业需要融资,需要引入外部投资。实际上,外部投资者投资一个企业主要看的是人,是创始团队、管理层和核心员工。一个有着分享精神的创始人、一批稳定的管理人员和核心员工是最好的投资对象,很多私募基金或者其他的风险投资机构都会抢着投资这类企业的。

股权激励虽然是一种激励方式,但是激励对象取得股权也是需要付出资金的,企业奖励员工不需要自掏腰包,不仅奖励管理人员和核心员工的现金流节省了,还会吸收到激励对象的投资资金。从而达到解决企业资金紧张的问题。

5. 股权激励有利于提高利润率

做企业的主要目的之一就是为了获利,获取利润的办法就是尽可能地做到销售最大化,成本最小化,而通过股权激励就可以很好地做到这点。因为一开始的时候管理人员也好,核心员工也罢,仅仅是负责一个部门或者一项工作而已，优秀的员工也仅仅是将自己分内的事情做好，其他的，事不关己，高高挂起。但是，通过股权激励将打工者变成为企业管理者的时候，情况就发生了变化，也就会自发地为企业着想，开源节流，开拓市场，降低成本，互相监督，防止内部浪费与腐败的出现，从而提高企业的利润。8 小时之外，在外面吃饭、应酬的时候，如果仅仅是负责人资的人员听说了一个有关企业业务的机会，估计不会怎么上心，但是如果通过股权激励将这个机会与其个人利益挂钩的话，他很可能会主动把握机会的，这会让我们所有的激励对象成为企业的销售人员，不用我们去做什么宣传，要求全员销售，其实股权激励就已经可以做到全员销售的效果了。还有如果加班后走的时候会看一下各个灯、空调有没有关，有没有浪费的现象，成为激励对象后就会想到每浪费的一度电就有他几分钱，也就会主动去降低成本，将成本最小化，不仅会自己主动，还会监督别人去节省资源，降低成本。

6. 股权激励可以培养企业的管理层

股权激励可以培养出企业的管理层，企业的发展需要人才，需要有管理能力的人才，通过股权激励就会让内部人员发挥主观能动性，如何更好地管理企业，这样会让激励对象主动提高能力，也会被其他激励对象监督着去工作，这样就有利于培养有能力、有道德水准的管理层，也会让这些管理层主动提高自己的要求标准，让他们从企业"让我干啥"的思维转变成"我要干些啥"，主动去做事情，主动去协调内部矛盾，这样就能培养起一批有能力的管理人员。

7. 股权激励有利于将股东由大变小

股权激励实际上就是将股东由大变小，为什么这么说呢？因为刚开始创业的时候我们就是一个或者几个人作为创始人，股权主要集中在少数几个人手中。那么进行股权激励的时候就是要分散出去部分股权，分散了股权就会使得创始人的股权比例变小，分红比例也会变小；当然虽然分红比例变小了其实际的分红数额未必会小，反而可能会变大，财散人聚，人聚财来。李嘉诚就是散财的高手，他懂得分享，分享虽然使得分红比例变小了，但是整体比例提高了，所以最终获得的分红未必会变少，反而会增加。

刚开始创业的时候创始人会全身心地投入到企业中，负责招聘、财务、法律文书、场地租赁、销售以及各种应酬等，全部精力投入企业，创始人就是这个企业的领袖；有的还会是唯一的"大人物"，在企业员工的心里创始人拥有着很强大的形象。但是，这样会透支创始人的身体，影响家庭，甚至会影响企业后期的发展。因为一个人单打独斗很难成就一番事业，一个人奋斗也会减少照顾家人的时间，身体也会透支，这就有可能事业还没成就，身体却垮了，家庭也破裂了。但是通过股权激励，会有很多人帮我们去做具体的事情，这样会减少创始人精力及时间的投入，也是将我们的精力和时间变小了，通过股权激励会有人为你分担应酬中的酒精，为你节省时间去陪陪家人，这样创始人就可能只负责一部分工作，如负责企业的规划、战略等，这样会让创始人从繁杂的事务中解脱出来，从一个什么都能干的人转变成一个具有专业能力、有战略思维的强人，也会让我们通过股权激励以一个强大的团队来代替强大的自己。

股权激励具备了上述优点，也就会降低创业的风险，提高创业的成功率。因为股权激励将更多、更好的人才留住了，会及早发现企业经营中存在的风险，会主动防范风险和降低风险，激励对象会主动地开疆拓土，创造业绩，降低成本，弥补创始人的不足，创始人的创业成功率就会相应提升。

二、股权激励不是上市企业的专利

有的朋友说做股权能看到的案例都是大型企业、上市企业。并且也只有中国证券监督管理委员会 2016 年 5 月 4 日颁布了《上市企业股权激励管理办法》，是不是只有大企业或者说只有上市公司才能做股权激励呢？

这里我可以很明确地告诉大家，答案是否定的。多数情况下看到的是上市企业及大企业做了股权激励，主要是因为很多企业因为做了股权激励得以

非上市企业之股权激励

发展，最终借助股权激励发展成为上市企业或大企业，并且这些企业因为尝到了股权激励的甜头，所以在其发展壮大后或发展成为上市公司后还依然选择股权激励作为其主要的激励方式，这也说明股权激励对企业的发展起到了至关重要的作用。

当初任正非凭借着几万元钱，带着几个人开始创业，如今华为已发展成为年产值上亿、员工二十余万人的企业。在创业初期，华为没有一分钱的银行借贷，也没有从资本市场获得任何投资，企业发展困难重重，就是凭借在内部实行股权激励，华为从小企业最终发展到今天成为我们中国人的骄傲，成为走向全世界的大企业，并且华为至今还依然保持并应用着股权激励这一方式。

之所以有《上市企业股权激励管理办法》，主要是因为上市企业是公众企业，广大小股东对上市企业的控制和影响都非常小，真正能影响企业决策的多数是企业的董事会，然而做股权激励方案的就是董事会。为了防止董事会以权谋私，出现道德风险，才由中国证券监督管理委员会 2016 年 5 月 4 日颁布了《上市企业股权激励管理办法》，非上市企业做股权激励并未被法律限制，同时非上市企业做股权激励完全可以把《中华人民共和国企业法》《中华人民共和国合同法》作为法律依据。

经过我这些年来对全国几万家中小企业的研究结果表明，股权激励在非上市中小型企业中更为适用和需要。原因很简单，中小型企业更需要人才，资金也相对匮乏，仅有的可能就是股权。但中小型企业更需要激发核心人才的动力，去开拓市场，提高业绩，吸引投资，并且股权激励在中小型企业中取得的业绩也是硕果累累。马云的阿里巴巴就是在开始的时候就对核心的"十八罗汉"进行了股权激励，是马云用股权吸引了蔡崇信，才有了后来的阿里巴巴及马云。

三、几种需要进行股权激励的情形

如前文所讲，股权是企业当中最有价值的，它的激励可以激发员工的核心动力，能够吸引资金与人才，并能快速地开拓市场，并能够在企业转型升级以及二代接班过程中起到巨大的作用，减少"守旧派"的阻力，增加新的动力和活力。

创业者从创立企业自主经营到发展到大中型企业，之初是亲力亲为，处理各种销售、人员招聘、法律纠纷等事情；随着企业的发展，销售额的增长，人员的增加，创始人的身体却严重透支，企业后续发展缺少了动力，也就需要专业的管理团队去经营。创始人的精力和时间是有限的，他需要团结更多的人才去帮助企业发展，这个道理对于古代的刘邦、曹操、刘备、朱元璋以及现代的马云、马化腾等都是如此。但是当今社会仅仅用金钱吸引人才，是吸引不到那些真正有本事的人的，真正有本事的人是需要自己的一份事业，因此创始人就需要分股权给其他人，以团结人才、留住人才，所以企业发展到一定时期进行股权激励是必然的选择。那么这个一定时期是什么时候呢？

我认为企业发展初期要谨慎进行股权激励，因为这个时候股权的价值还没有体现出来，愿意接受股权激励的人员并不多，激励力度不大，激励效果也不会明显；并且发展初期企业的人员还不够稳定，流动性比较大，奖励后造成的不良后果可能更严重，会出现内部矛盾，导致企业陷入僵局。所以只有企业被看好，有了一定的发展空间，管理团队及核心员工相对稳定后才有了进行股权激励的基础。

一个企业里最有价值的不是企业的产品，而是企业的股权。企业的产品是为股权服务的，只有股权的价值才是股东利益和价值的体现，所以在做股权激励的时候一定要慎重，创始人要惜股权如命，不要随意对外激励或者赠予。很多时候有的创始人感觉前期与自己一起打江山的兄弟们很辛苦，奖励给这些兄弟们一些股权；企业现在需要人才，创始人看中了一个人才，想留住他，想到了股权；但是这个时候多数的创始人都是免费赠予给老员工和新人才的，但是这种免费赠予的方式是对企业股权的不尊重，对自己及企业的不负责任。因为股权本来是最有价值的，但这种随意的赠予会导致激励对象不重视股权，受激励的对象也不全是对企业有认同感的人，也不会因为有了股权就会有约束力。股权激励不仅仅是奖励，伴随着的还是约束，还需要约束这些激励对象，但是没有对价的奖励，根本没有约束力的。

所以进行股权激励的时候我们需要选择好时机，选择好奖励方式和对象。那么什么时候需要进行股权激励呢？

笔者认为，当企业的发展前景很好，需要人才、缺少资金，创始人个人素质遇到瓶颈，需要用股权激发内部员工核心动力去开拓市场，企业需要转型升级以及二代接班的时候均需要进行股权激励。

四、股权激励有利于做好税务筹划

现在国家对税收的管控日趋严格，以往的变通手段都不能用了，那么怎样能够合理、合法地让员工得到更多实惠呢？

我仔细对比了目前的税收政策，对于高收入的人群，我们可以利用股权激励进行税务筹划。这里说的"高收入人群"是月薪达到 50 000.00 元以上的人。因为经过核算后 50 000.00 元的工资薪金所得，税后收入是 40 013.93 元；50 000.00 元的股息所得，税后是 40 000.00 元。但是超过 50 000.00 元以上的工资薪金所得税率是 25%，就超过了股息所得额 20% 了。因为对于税收政策，我国采取的是工资、薪金所得与股息收益不同的政策。

工资、薪金所得，是指个人因任职或受雇而取得的工资、薪金、奖金、年终加薪、劳动分红、津贴、补贴以及与任职或受雇有关的其他所得。这就是说，个人所得，只要是与任职、受雇有关，不管其单位的资金开支渠道或以现金、实物、有价证券等形式支付的，都是工资、薪金所得项目的课税对象。工资、薪金所得，适用 7 级超额累进税率，按月应纳税所得额计算征税。该税率按个人月工资、薪金应税所得额划分级距，最高一级为 45%，最低一级为 3%，共 7 级。

利息、股息、红利所得，是指个人拥有债权、股权而取得的利息、股息、红利所得。利息是指个人的存款利息（国家宣布 2008 年 10 月 8 日次日开始取消利息税）、贷款利息和购买各种债券的利息。股息也称股利，是指股票持有人根据股份制公司章程规定，凭股票定期从股份公司取得的投资利益。红利也称公司（企业）分红，是指股份公司或企业根据应分配的利润按股份分配超过股息部分的利润。股份制企业以股票形式向股东个人支付股息、红利即派发红股，应以派发的股票面额为收入额计税。

个人因持有中国的债券、股票、股权而从中国境内公司、企业或其他经济组织取得的利息、股息、红利所得，需按 20% 的比例缴纳个人所得税。

相关法条：

《中华人民共和国个人所得税法》

第三条 个人所得税的税率：

（一）综合所得，适用百分之三至百分之四十五的超额累进税率（税率表附后）；

（二）经营所得，适用百分之五至百分之三十五的超额累进税率（税率表附后）；

（三）利息、股息、红利所得，财产租赁所得，财产转让所得和偶然所得，适用比例税率，税率为百分之二十。

中华人民共和国主席令第九号《全国人大常委关于修改＜中华人民共和国个人所得税法＞的决定》2018 年 8 月 31 日签署。

综合所得：月均起征点为 5 000 元，包括工资、薪金所得，劳务报酬所得，稿酬所得，特许权使用费所得，以收入额扣除"五险一金"和子女教育、继续教育、大病医疗、住房贷款利息或者住房租金、赡养老人等支出后为应纳

非上市企业之股权激励

税所得额（可以扣除的具体范围、标准和实施步骤由国务院确定）。税率为3%
至45%的超额累进税率，扩大了纳税的级差。

自2019年1月1日起施行，其中自2018年10月1日至2018年12月31日，
纳税人的工资、薪金所得，先行以每月收入额减除费用五千元以及专项扣除
和依法确定的其他扣除后的余额为应纳税所得额。

2018 年 10 月 1 日新个税速算扣除数一览表

级数	新含税级距	新速算扣除数	旧含税级距	旧速算扣除数	税率
1	不超过 3 000 元的	0	不超过 1 500 元的	0	3
2	超过 3 000 元至 12 000 元的部分	210	超过 1 500 元至 4 500 元的部分	105	10
3	超过 12 000 元至 25 000 元的部分	1 410	超过 4 500 元至 9 000 元的部分	555	20
4	超过 25 000 元至 35 000 元的部分	2 660	超过 9 000 元至 35 000 元的部分	1 005	25
5	超过 35 000 元至 55 000 元的部分	4 410	超过 35 000 元至 55 000 元的部分	2 755	30
6	超过 55 000 元至 80 000 元的部分	7 160	超过 55 000 元至 80 000 元的部分	5 505	35
7	超过 80 000 元的部分	15 160	超过 80 000 的部分	13 505	45

第三章

做股权激励的原则

本章主要内容包括：

➤ 个性化设计原则

➤ 做股权激励要坚持玻璃原则

➤ 力度适中原则

➤ 激励与约束并存原则

➤ 公平、公正原则

➤ 动态调整原则

➤ 分层激励原则

一、个性化设计原则

前面我们说了股权激励是可以起到解决股东与管理人员矛盾、资金短缺、稳定人员、激发员工潜能、开拓市场、降低成本、提高利润的有效手段。但是每个企业面临的问题是不一样的，当然也有可能不同企业面临的是同样几个问题；即便是同时面临同样的几个问题，也是会有所侧重，有主有次。有的主要是资金同时有市场的问题，有的主要是市场兼具资金问题。即便是同一个企业不同阶段面临的问题也是不一样的，要解决企业面临的问题，就必须把股权激励与企业具体实际相结合。

具体地说，就是把股权激励的基本原理同企业的发展历程、企业文化、人员素质、行业特点等方面结合起来，使股权激励在企业实现具体化。股权激励不能教条地采用模板，不能照搬照抄，进行股权激励需要根据不同的企业设计不同的方案。因为各个企业的实际情况千差万别，即便是同样的股权激励模式，所产生的效果也会不同；同样的方案对于人家可能有效果，用于你可能就是反作用了。因此，企业在制订股权激励计划的时候，万不可照搬其他企业的模板，而应该量体裁衣，选择适合自身的激励模式。

做企业和打仗一样需要天时、地利、人和，那么外部环境就是实施股权激励的天时，企业自身特点就是地利，激励对象的配合就是人和，所以做股权激励需要做到因时、因地、因人而宜。

例如，华为的股权激励与阿里巴巴的股权激励就是不一样的，与泸州老窖对代理商的股权激励方案更不相同；华为每个时期根据具体需要解决的问题以及企业的自身情况进行的股权激励方案也是不一样的。读者可以参考本书在后面章节所介绍的华为的股权激励方案。

二、做股权激励要坚持玻璃原则

所谓"玻璃原则"首先是透明，其次是有隔离层。股权激励实际操作中多数都是通过持股平台进行的，通过持股平台进行间接持股，即便直接进入企业，激励对象也基本上都是小股东；这样激励对象要么没有表决权，要么表决权很小，根本起不到影响决议的作用，激励对象在企业里面仅有议政的权利以及分红的权利。如果是间接持股，激励对象仅仅是持股平台的股东或者出资人、与企业之间是间接的关系，按照现有的法律规定，这就要求企业、实际控制人要做到透明化，避免财务数据造假。如果财务数据造假，或者不公开财务数据，那么激励对象得不到真实的财务数据，又不能行使直接查账的权利，就会引起矛盾，不仅起不到激励被激励对象的作用，很可能还会起到相反的作用。

那么做股权激励如果公开数据就行了，那就叫公开原则就行了，为什么叫玻璃原则呢？

玻璃，除了能透明外，更主要的要有一个隔离层，能"看得到，摸不到"，既透明还能起到保暖的作用。有时候我们做股权激励是为了激励高管及核心员工，更主要的目的是发展企业，所以我们既要民主，又要做到集中，坚持创始人或控制人对企业的控制，保证企业大的发展方向，这样我们多数情况就需要坚持用持股平台的办法去操作，让持股平台起到一个玻璃保暖的作用，保证企业正常的经营秩序和运行。

三、力度适中原则

进行股权激励要根据企业的自身情况进行个性化设计，在做自己股权激励方案的时候还要做到力度适中。由于每种股权激励模式都各有利弊，且现实中每个企业所面临的实际问题以及每个员工的价值都是不同的，要保证股权激励能起到预期的效果，就要考虑股权激励对象的整体报酬水平、行业水平以及结构特点。

如果激励力度过小，可能无法起到激励、激发员工积极性的作用，也就失去了做股权激励的意义。比如别人家的股权激励力度很大，核算下来通过股权激励获得的收益为每年 10 万元，而我们公司获得的仅为 5 000 元；又如员工的年度收入是 100 万元，员工通过股权激励所获得的年度预期收入是 1 万元，这样就起不到激励作用，还有可能起到反作用。例如华为的股权激励中，员工通过股权获得的分红占其年度收入中 1/3，这还不算股权增值后对其股权进行处置的收益。

但是如果力度过大，又会给企业带来资金、管理、股权等方面的压力。如果企业分散出去过多的股权做股权激励，导致企业持有的股权少于 2/3，那么企业在做表决的时候可能对关键问题无法形成一致决议。由于激励对象享有的股权比较多，每年分红的压力也会很大。

如果股权激励中设定的考核目标过高、考核周期过长，会让激励对象感到遥遥无期，削弱股权激励的满意度。如果设定的目标过低、周期过短，又可能会导致激励对象只注重短期利益而忽视企业的长期发展。所以，一定要从中找到一个平衡点，这样才能实现最佳预期的激励效果。

四、激励与约束并存原则

很多人认为股权激励就是一种激励形式，其实它不仅具有激励性质，还具有很强的约束作用。如果仅仅重视股权的激励作用，而忽视了它的约束作用，很多时候也就失去了股权激励的意义，没有约束的激励是没有保障的。没有约束的股权激励对企业来说会起到相反的作用，激励对象很可能获得股权后便直接变现走人，这样不仅起不到稳定人才、吸收人才的作用，反而会加速人才流失，最后弄一个"赔了夫人又折兵"的结局。还有的为了短时间获得激励股权而弄虚作假，损害企业利益。

随着人力资源在经济发展中占据的地位越来越重要，很多企业为了留住人才，往往盲目地制订股权激励计划，从而忽视约束条件，导致一些经理人为了达到考核目标不择手段，甚至触犯法律，为企业未来的发展埋下隐患，损害了企业利益。有鉴于此，管理者在开展股权激励时，应该秉承激励约束统一的原则，在诸如劳动合同、服务期限、同业竞争、竞业禁止、信息保密等方面进行规定及限制。

在进行股权激励的时候还需要采用绩效考核方案进行约束，约定他们的考核标准，结合销售业绩、成本控制以及人员管理等考核指标，并将绩效考核与股权激励的数额、行权期限及标准挂钩。

五、公平、公正原则

企业要本着公平、公正的原则来开展股权激励，公平、公正地对待所有员工，不能因为性别、地域、外貌、家庭背景及个人喜好来评判员工，只能以该员工的价值及其对企业的贡献以及预期价值为标准来进行衡量。

进行股权激励，对员工进行奖励的时候主要考虑的是其未来能为企业创造价值，激励对象通过获得的股权来分取的也是未来利润。当然进行股权激励的时候其未来价值也很难确定，一般判断一个人的价值是从他的一贯表现、历史贡献来判定，那么我们就可以从以往他对企业的历史贡献为基础进行基础数据设计，然后结合预期目标考核指标。

当然，这些历史贡献的认定以及预期目标考核标准都是要在公平、公正的原则上进行，不能有所偏差；否则容易引起员工的不满，会出现一系列怠工、跳槽等现象，也影响公司的人员稳定，致使业务混乱，最终影响公司以及大股东的利益。

六、动态调整原则

企业在不同时期的发展规模、组织结构、经营战略、盈利能力和人员变动情况都是不同的，所以股权激励模式也应该与时俱进，针对企业具体情况做出相应的动态调整。该个性化原则要求根据企业在不同的发展阶段设计不同的股权激励方案，其动态调整主要是在一个方案中根据企业的发展情况进行适当的调整获得标准、获取条件、行权标准、激励数额或者比例以及股权价格，大的原则和既定的方案不能随意更改。

股权激励方案一般是 3 ~ 8 年一个周期。在这样一个比较长的周期中，企业外部环境会发生变化，企业自身很可能也会发生很多变化，在坚持方案基本稳定的前提下，在制订方案之时就可以对能够预见的情形进行约定，或者对特殊情况出现的处理办法进行约定，随着企业的发展，根据既定的条款进行动态的调整。有的时候可能也会需要对股权激励方案进行调整，这一般是要坚持在既定的条款范围内进行，也仅仅是适度的调整，做出最适合、又有利于企业长远发展的方案，而不是随意地去修改股权激励方案。

比如说，企业在初创期和成熟期的发展状况是不同的，股权激励模式通常也不同，同一种模式下也会根据不同的发展时期以及发展程度进行不同的调整，不然就未必符合企业现有的情况了。

当然，这种调整是需要谨慎的，不能随意进行，否则会影响股权激励的稳定性。随意的变动也会引起激励对象的不满，起到反作用。所以只有在非常有必要的重大情况发生变化的时候才能进行动态调整，并且在制订方案的时候尽量将动态调整的原则、条款、情形也要列入方案当中，否则调整的时候也会遇到很大的阻力。

七、分层激励原则

一般而言，企业的组织结构都会分为几层，例如高管层、中层、一般员工。有的还会分得更细一些，分层还会多一些，比如总部或分企业之分等。因为员工有这样或那样的分层，进行股权激励也应该建立分层机制，形成股权激励的梯队化。可能只有中高层或者核心员工、做出特别贡献的员工才能参加，一般员工没有机会，但对于一般员工是留足空间的，为员工预留上升空间，促其保持对未来的期待性。并且每一批次实施股权激励的人员可能也是要进行差异化管理的，这次是主要核心的几个高管，下次可能扩大至中层，再下次可能是实行全员持股了。即便是同一次股权激励里包含了中高层以及一般员工，但是同一次股权激励中的中高层、核心员工与一般员工可以获得的最高激励数额、比例或者条件也是不一样的。

对每个层次的员工进行股权激励的时候要分别对待，采取适合这个层次的股权激励方式，其他层次的可能适用其他的股权激励方式。一般员工可能是以持股平台方式进行持股，而高管层可能是以直接持股方式进行持股；一般员工可能是企业协助贷款支付股权激励的款项，而高管层则可能是现金一次性支付或者采用现金加预分红的模式等。

所以进行股权激励的时候也要根据激励对象的不同进行分层激励。

股权激励还会坚持其他的原则，在具体的实施过程中也要进行不同的设计，企业在制订具体方案中还需要灵活掌握和运用。

第四章

股权激励的主要方式

本章主要内容包括：

➤ 干股

➤ 股权（份）出售

➤ 技术折股

➤ 股票激励

➤ 限制性股票

➤ 股票期权

➤ 股票增值权

➤ 虚拟股

➤ 业绩性股票

➤ 业绩单位

➤ 账面价值增值权

➤ 延期支付

➤ 全员持股计划

➤ 管理层收购

一、干股

干股，又称奖励股权（份），是指在企业的创设过程中或者存续过程中，企业和企业的发起人或者股东依照协议无偿赠予非股东的第三人的身份；多数情况是指企业按照一定的净资产增值额，以股权方式奖励给对企业的发展做出突出贡献的人员。

其实，干股就是由企业或者原来的持股人无偿赠送，新的持股人不出股金。原则上是新的持股人只拥有分红权。企业盈利后获得分红，赔了则不受损失，持有这种股权的人就叫干股股东。干股以一个有效的赠股协议为前提，但很多时候干股并不是指真正的股权，而应该指假设这个人拥有这么多的股权，并按照相应比例分取红利而已，很多时候也不在工商部门或者行政审批部门进行登记备案。

干股的股东不是基于自己的出资取得的，多数情况下干股是给予那些有技术、管理能力、人际关系资源的人或者是创始人的亲属、信息提供者等，但是我国《企业法》也有要求，不允许股东以劳务出资。那么基本上干股的股东都是通过企业、大股东或者企业从其他股东处购买后奖励给激励对象的，有一定的赠予性质，通过赠予协议进行约束，有的还不需要去工商登记部门登记，仅仅是享有相应比例的分红权而已。

多数情况下企业为了发展都会找一些拥有社会资源的人、拥有专业知识的顾问型人才作为企业股东，这些股东更多的是干股股东，他们的股权多是大股东赠予的，这个里面还涉及一些实际问题，例如干股股东取得的股权是认缴出资的还是实缴出资的，在实际操作中很少考虑，但这是一个很重要的问题。干股如果是认缴的出资，干股获得人可能还需要继续出资？如果干股是实缴出资，那么是谁进行的实缴出资？干股的话一般就是其他人了，那么其他人无偿赠予了实缴出资的股权，等于干股股东直接获取了这么多的现金出资，这样他还有没有动力，会不会直接要求转让或者解散企业从而分取这部分获赠的出资？这些问题都是进行干股赠予的时候需要考虑的，进行干股激励时一定要考虑好干股的奖励方式。

二、股权（份）出售

股权（份）出售，是指根据对企业贡献的大小，按一定价格系数将企业股权（份）出售给有关人员。价格系数应当在综合考虑净资产评估价值、净资产收益率及未来收益等因素的基础上合理确定。企业的创始人考虑到直接赠予员工干股，员工会不珍惜；如若让员工出资，员工没有积极性，不愿意参与或者参与的时候会有负担。因此，股权（份）出售也就成了一种较为折中的办法。

三、技术折股

技术折股，是指允许科技人员以个人拥有的专利技术或非专利技术（非职务发明）作价折合为一定数量的股权（份）。其基本上就是以技术出资的概念，因为《公司法》是允许股东以个人拥有的专利技术或非专利技术（非职务发明）出资成为股东的，其实这也是对技术人员的一种激励方式，也是一种让没有资金但是掌握技术的人员成为公司股东或者核心人员的方式。

四、股票激励

股票激励，是指企业按照股权激励计划规定的条件，授予激励对象一定数量本公司的股票。也就是说企业事先设定一定的条件，一般是根据绩效考核方案设定财务条件、业绩条件并结合工作年限、公司整体利润等，当公司及受激励对象均达到事先设定的条件后，便进行奖励，但是奖励的不是现金，而是公司的股权或者股份。

五、限制性股票

限制性股票是指激励对象按照股权激励计划规定的条件，获得企业的股票，但是转让、抵押等部分权利受到限制的企业股票。限制性股票在解除限售前不得转让或者部分不能转让，不得用于担保或偿还债务。

其实主要是指企业按照预先确定的条件授予激励对象一定数量的本企业股票，激励对象只有在企业工作一定的年限或完成一定的业绩目标等情形符合股权激励计划规定条件后，才可出售或处置限制性股票并从中获益。

限制性股票一般分为获得激励股票限制以及转让股票限制两部分。获得激励股票限制是指获得股票时会有一定的限制，会对激励对象的工作年限、业绩情况、职位、服务期限等进行限制。也就是说，只有激励对象完成了相应的业绩、达到了相应的条件后才有资格获得奖励的股票；转让股票限制一般也是与服务年限、后期业绩等挂钩，只有在获得后继续为企业服务一定的期限并完成一定的工作业绩后才能够逐步转让其获得激励的股票。

《上市企业股权激励管理办法》对限制性股票进行了明确规定，虽然不适用于非上市企业做股权激励，但是我们做非上市企业股权激励的时候可以参照其相关规定。

六、股票期权

股票期权，是指企业出资者同激励对象协商确定股票价格，在任期内由激励对象以低价购买、奖励等各种方式获取适当比例的本企业股权或股份。

股票期权又称为期权，主要是对激励股票购买的选择权，指在未来一定时期可以买卖的权利，是买方向卖方支付一定数量的金额（指保证金、定金或订金）后拥有的在未来一段时间内（指美式期权）或未来某一特定日期（指欧式期权）以事先规定好的价格（指履约价格）向卖方购买或出售一定数量的特定标的物的权利，但不负有必须买进或卖出的义务。基于此衍生出了很多金融产品，例如商品期货、股指期货、期房等。

股票期权类似于购买期房，股权不是签署协议的时候立刻取得的，期房是开盘后还要建设，等待能交房的时候才会交付。股权期权也是如此，股权激励中的期权主要是指符合激励条件的激励对象向企业缴纳一部分定金、订金或者保证金，在约定的时间可以用事先约定的价格购买企业的股权或股份的权利。

比如：一家 A 企业要对员工进行股权激励，小红是激励对象之一。按照约定小红可以在两年后按照现在约定的每股 5 元的价格购买企业 10 万股的股票，如果两年后到了行权期，A 企业的股价为每股 10 元，小红可以用 5 元的价格去购买股份。但是如果小红两年后到了行权期，A 企业的股价为每股 3 元，小红可以拒绝购买股票，是否购买股票的权利在激励对象小红这里。

受激励的付款一般不是一次性支付的，也不是受激励一开始支付的，多数是逐步支付，可以解决激励对象资金紧张的问题。支付方式大致分为：激励对象个人出资购买、企业帮助激励对象从银行进行贷款、大股东借款给激励对象、用激励对象的奖金或者分红分期支付股权转让款。

这样的激励方式也能够为企业节省现金，如果是奖金或者其他奖励方式，激励对象很可能会直接从企业将现金拿走，而这种激励方式会留下一部分奖励的现金在企业，为企业节约现金流。这也就存在一定的缺点，激励对象不能及时拿到现金，只能到一定年限或者离职的时候才能够将股权变现，也会导致经历了完整的股权激励后便选择离职，套现走人。

七、股票增值权

股票增值权其实质还是虚拟的股票，是指股份企业授予高层管理人员在一定时期和条件下，按本企业股票市场价格和规定价格（行权价）的差额取得股票升值收益的权利。也就是说激励对象在未来一定时期和完成约定的条件，可以获得规定数量的股票上升所带来的收益的权利。

例如：A 企业要对高管进行股权激励，采用股票增值权的形式，激励对象包含小明。企业约定小明完成销售额 100 万元，即可参与企业的股权激励，并且可以获得 10 万股的股票增值权的激励，就是从任务下发至年终这段时期的增值部分归小明。如果任务下发在年初，年初 A 企业的股价为 10 元每股，大家都完成任务，业绩肯定上升，股价也就随之上升，升值为每股 15 元，小明也在完成任务之列，中间这 5 元每股的差价就属于增值，小明就可以获得 50 万元的股票增值奖励。

股票增值权奖励中这 10 万股奖励基数的股票实际上所有权不属于小明，小明仅仅是享有与这 10 万股相对应的股票增值权。因为没有所有权也就不能用这 10 万股进行担保或者抵债等，股票增值权与股票价格挂钩，如果企业业绩不好或者有其他原因导致企业的股价下跌会导致激励对象拿不到任何的增值奖励；当然为了企业的现金流以及捆绑住小明这些精英，企业不会一次性将 50 万元支付给小明，企业可能会约定小明再继续工作 5 年，每年可以行权 10 万元（也就是每年可以支取 10 万元），也有的企业会将这 50 万元作为小明的入股资金，将这 50 万转化为对企业的出资，让小明实际持有企业的股份，真正成为企业的股东。

八、虚拟股

虚拟股，是指企业授予激励对象一种虚拟的股权，它不同于一般意义上的企业股权。一般是企业按照注册资本，核定出一部分虚拟化的股权，在分红的时候这部分虚拟的股权可以参与分红，但没有所有权，没有表决权，激励对象可以据此享受一定数量的分红权和股价升值收益。但是不能转让和出售，具有很强的人身属性，激励对象在离开企业时自动失效。

虚拟股一般是由企业赠送或者以其他特殊方式奖励给激励对象的。虚拟股无须出资也不需要负债，也不会改变企业的总资本和股权结构，一般仅能按照企业的规定享受分红的权利。虚拟股有一定的约束力，因为只有激励对象积极工作为企业创造价值才会取得虚拟股，也只有企业盈利了激励对象才能够按照获得的虚拟股而享受分红。

虚拟股类似于奖金，只是奖金的依据和形式不同，所以虚拟股的操作比较简单和方便，不需要到工商登记部门登记，即便是上市企业也不需要经过证券行业监督管理部门烦琐的审批程序，仅需要股东大会通过即可实施。

虚拟股也有它的缺点：例如激励对象可能更侧重于关注短期利益；又因为激励对象一般是董事、高级管理人员或者核心员工，他们会通过操纵董事会，制定偏向分红的章程；也更在乎每年的分红，而不在乎公积金的积累，会导致企业现金流紧缺。

虚拟股权的增值价格不好确定，有的时候都是企业内部采用一种计算公式，按照此公式计算企业虚拟股权的价值，有可能与企业实际股权的价值不一致；多数会参考企业的净资产、净资产增值率等。

例如：A企业注册资本1000万元，拥有1000万股，但是企业进行股权激励采用虚拟股的形式，虚拟股并不是和注册股一一对应的，可能虚拟出200万股，这200万股的分红及增值的价值等同于从注册股里面划出200万股，也就是价值类似于注册股。如李四获得了10万股的虚拟股激励，在企业工作期间他可以享受这 10 万股的分红和增值部分，但是不在工商部门登记，这 10 万股仅仅是结算分红和增值的依据而已，该股不能对外转让，也不能进行抵押、担保，在职期间根据企业规定分取利润，达到一定条件或期限的时候一般可以兑现企业的股权增值。

九、业绩性股票

业绩性股票是股权激励的典型方式，是指企业用普通股作为长期激励性报酬支付给管理人员，股权的转移由管理人员是否达到事先规定的业绩指标来决定。

一般是激励对象通过了业绩考核，企业便授予其一定数量的股票或者提取一定的奖励基金用于购买企业的股票；如果未能通过业绩考核或者出现损害企业的情形、因该激励对象原因导致非正常离职等情况，则根据具体情况将被取消资格或者减少激励数额。

业绩性股票是最早在国内运用的股权激励模式，它最初类似于奖金激励，只是把奖金换成了股票而已。但是随着经济的发展，业绩性股票也在不断地改进，如在行权方面设置条件及时间限制，奖励股数与利润挂钩，后期利益取决于利润、股票增值等。

业绩性股票有一定的强制性，不像股票期权有一定的选择性，完成相应业绩后只能接受企业给予的股票奖励而不能进行选择。

业绩性股票能够激励被激励对象按照企业制订的目标和计划尽快完成相应的指标，使得激励对象和企业的业绩捆绑在一起，但是若考核业绩制定不好容易导致过度重视短期利益。

业绩性股票有利于长短结合，一般以一年为一个考核周期，然而可以每年激励一次，并且获得奖励股票后便成为企业的股东。每次获得的业绩性股票也具有一定的限制，在职期限转让股票的每年会有一定的最高额限制，并且成为股东后，会按照企业获得的利润参与分红、获得股票增值等，这样就可以循环地将人才与企业进行绑定，前期靠业绩，后期收益靠企业分红及股票增值，实际上后期也需要完成业绩来支撑。

例如：A 企业要施行业绩性股票对员工进行激励，老王完成了企业规定的业绩，企业基于老王的业绩从奖励基金中提出 100 万元人民币，此时企业的股价为 2 元一股，在一定时期内老王可以申请行权，也就是说企业可以根据老王的申请利用这 100 万元为老王购买企业的股票，最多可以购买 50 万股。

十、业绩单位

业绩单位与业绩股票相比，前者减少了股价的影响。业绩单位支付的是现金，而且是按考核期期初市盈率计算的股价折算的现金。在业绩单位方案下，高层管理人员的收入是现金或者是市值等于现金的股票，除了有期初市盈率影响的因素外，不再受到股价的其他影响。

十一、账面价值增值权

账面价值增值权，具体分为购买型和虚拟型两种。购买型是指在期初激励对象按每股净资产值购买一定数量的股份，在期末再按每股净资产期末值回售给公司。虚拟型是指激励对象在期初不需支出资金，公司授予激励对象一定数量的名义股份，在期末根据公司每股净资产的增量和名义股份的数量来计算激励对象的收益。

十二、延期支付

延期支付，也称延期支付计划，是指公司将管理层的部分薪酬，特别是年度奖金、股权激励收入等按当日公司股票市场价格折算成股票数量，存入公司为管理层人员单独设立的延期支付账户。在既定的期限后或在该高级管理人员退休或者特定条件离职以后，再以公司股票的形式或根据期满时的股票市场价格以现金方式支付给激励对象。激励对象通过延期支付计划获得的收入来自于既定期限内公司股票的市场价格上升，即计划执行时与激励对象行权时的股票价差收入。如果折算后存入延期支付账户的股票市价在行权时上升，则激励对象就可以获得收益。但如果该市价不升反跌，激励对象的利益就会遭受损失。

当然，这种支付行为会为企业节省现金流，有时还会为企业解决资金短缺的问题。

十三、全员持股计划

全员持股计划是指通过让本企业员工通过股权激励的方式持有本企业股权或者股票，从而使员工成为企业的股东，员工通过购买企业部分股权或者股票实现拥有企业的部分产权，并获得相应的管理权，并可以用此分享企业发展的成果，取得企业股权带来的收益，这样就可以提高员工的工作干劲和热情。

在具体应用中，往往是由企业内部员工出资认购本企业的部分股权并委托员工的持股平台进行管理和运作，持股平台代表持股员工进行经营的参与、人事的任免、行使表决权以及取得分红。

全员持股计划可以让员工成为企业的股东，使得企业全部员工的利益与企业、大股东利益基本保持一致，但是也会导致参与人员过多，实际受益人过多，影响企业上市、影响企业意见统一等问题的出现。

十四、管理层收购

管理层收购又被称为"经营层融资收购"，是指企业的管理层（个人或管理层集体）购买本企业的股权或者股份，从而改变企业所有者结构、控制权结构和资产结构，实现持股并经营，实现所有权及经营权的统一，进而达到重组该企业目的并获取预期收益的一种收购行为。管理层收购在过去改制的时候出现过，也被广泛应用。

因为管理层之前是打工者的身份，自有资金有限，收购企业的资金未必充足，所以管理层收购的资金一般是从银行进行贷款，并用企业的资产作为担保或者企业提供保证等方式进行融资。

需要特别注意的一个问题：关于股权或股票的定价问题，尤其是国有企业的管理层收购，需要经过严格的审批程序，防止出现腐败现象。

第五章

如何做股权激励

本章主要内容包括:

➤ 定目标

➤ 定人员

➤ 定数额

➤ 定模式

➤ 定时间

➤ 定指标

➤ 定机制

➤ 持股方式的考虑

一、定目标

　　大部分企业创始人、管理人员以及员工，一般都认为股权激励是为了分钱，上市企业做股权激励是有利可图的，或者准上市企业也是可以在企业上市后就能因为获得的股票而取得超额收益或者溢价；又因为企业上市必须是股份制企业，也就是说企业上市之前要进行股改。

　　但是，我们不能片面地理解成只有上市企业才能做股权激励，也只有上市企业或者准上市企业的激励对象才能因为股权激励而获益。

　　股权激励的初心在于实现大股东、企业与员工的共赢，为企业的长期发展做准备。如果把握不好这一点，企业很可能会在上市之后，员工们不知所措，没有奋斗目标，所有人都等着分享企业上市带来的成果，采取抛售股票、赶紧变现等措施，最后坐吃山空。所以，明确股权激励的目的非常重要。

　　一般来说，股权激励的目的无非有以下几种：

　　（1）激励人才。主要是给予现有的管理层、核心技术人员、核心销售人员股权形式的激励，让这些人员能够稳定地留在企业，进一步地激发他们的潜力，进行研发创新、销售市场的拓展等，从而为企业发展提供长期、稳定的人力资源。华为也是激励员工们不断创新，开疆拓土占领了大量国内外市场。

　　（2）吸引人才。企业一般是在引进管理人员或关键技术人员、销售人员的同时给予其部分股权作为激励，以提高竞争力。马云通过股权吸引了蔡崇信，让蔡崇信与企业一起成长，一起分享创业成功的果实。

　　（3）全员持股。企业发展到一定时期，需要稳定员工队伍，与创始股东共同分享企业成长收益，也会利用股权对员工进行激励。华为发展到后期为了稳定几十万的员工以及让员工分享企业的成长，进行全员持股计划。

（4）整合资源。引入或者稳定对企业具有重要价值或影响的外部资源，例如供货商、代理商、销售渠道等。泸州老窖就是利用股权激励代理商的方式进行了市场扩展。

（5）融资或节约资金。为了解决企业资金缺口，通过企业内部的股权激励可以起到一定程度的融资以及资金节约的功能。华为初期就是因为科研资金、市场开拓需要大量资金而进行的股权激励，从而解决了资金问题，缓解了企业面临的薪酬压力。

对于非上市企业来讲，绝大多数都属于中小型企业，或多或少存在着资金短缺、市场竞争激烈、人才短缺等问题，股权激励有利于解决企业普遍面临的资金短缺的问题，有利于人才的引入与现有人才的激励，有利于适当地降低经营成本、减少现金流出、产品研发与创新、扩大市场，还有利于降低职业经理人的"道德风险"。

股权激励本质上是企业所有者对管理人员以及核心员工的一项长期的激励策略。在这样的策略下，企业创始人或者大股东出让一部分股权，利用股权的潜在价值激励管理人员以及核心员工，以促进企业的可持续发展。

当然，股权激励重在激励，然而激励又不等于奖励。有的企业管理者可能草率地下了股权激励的决心，轻易地把企业的股份都分了出去。可以试想一下，如果分配不公平，对一些人起到的可能是反作用。因为给出去的不是一般的财物，是企业的股权，企业股权的拥有者是可以参与企业的决策或经营的，是了解企业一定的商业秘密的，如果没考虑好，没明确目标，草率进行那很可能满盘皆输。所以，盲目地进行股权激励也是极其错误的，一定要确立股权激励的目标和方法。

二、定人员

任何目标也好，任务也罢，都是需要人去执行和完成的。在做股权激励计划的时候，我们确定了做股权激励的目标后，就需要确定为达到这个目标而需要激励的人员，也就是激励对象。在股权激励计划中，激励对象通常是由大股东或者董事会决定的。一般来说，激励的对象主要是企业董事、高管、核心技术人员、核心销售人员等。当然，不少企业也把股权激励对象扩大至许多普通的员工，甚至做成全员持股。

上市企业在选择激励对象的时候需要依据相关法规规定，激励对象的范围在董事、高管、核心技术人员、核心销售人员等。除此之外，还有很多法规和限定，比如独立董事是不允许进行股权激励的。

对于非上市企业并没有上市企业那么多的限制，因此在进行股权激励的具体操作过程中会有一定的灵活性。在激励对象方面非上市企业和上市企业类似，激励对象也大多集中在企业董事、高管、核心技术人员、核心销售人员等。不过在非上市企业中普通的管理人员以及那些对企业长远发展起到重要作用的员工、代理商、渠道商也可以是非常重要的激励对象。

《中华人民共和国公司法》规定，对非上市股份公司、有限责任公司而言，获得股权期权的总人数及企业原有股东的人数（包括法人）总计不能超过一定限制，股份公司一般不能超过 200 人，有限公司不能超过 50 人。但是可能为了起到急速扩张市场以及留足有用的人才等因素，除了对企业内部的人进行股权激励以外，企业也需要对相关的合作企业进行股权激励，这是比较普遍存在的情况，即对企业相关的上下游企业的高管和创始人进行一定数量的股权激励，这样有利于团结上下游企业，促进企业稳定快速发展。各种因素的存在会导致企业需要激励的人数很可能会超过法律规定的限制，为此很多非上市企业会采取间接持股的方式解决这一问题。间接持股的方式一般是委托人代持或者通过持股平台方式（信托、基金、工会、持股会、有限公司或者合伙企业等间接持股平台）进行间接持股。通过委托持股或者持股平台的方式，非上市企业的激励对象可以超过公司法对股东人数的限制，有达到全员持股的可能。例如华为企业基本上就是全员持股了，但是这也会影响到企业将来的上市或者挂牌，所以在采用持股平台的时候也要慎重，并采用最合适的方式。后文中我们将对持股平台的方式进行详细介绍和解读。

人数的问题解决了，还需要了解如何确定人员？哪些人员需要激励？激励人员是全员好，还是部分高管好？激励对象确定的标准有哪些？

进行股权激励的时候对于如何确定人员是有一定原则的。

第一，要以企业现状为基础原则。在做股权激励的时候，一般企业现阶段已经或者即将出现问题，通过股权激励去解决或者化解这些问题。然而，不同的问题需要不同的人员去解决，急速扩张市场可能需要的是销售人员，产品的创新、升级可能需要的是科研人员，优化管理体系可能主要是对现有的管理层。所以要坚持以企业的现有状况为原则，确定需要进行股权激励的对象。

第二，要坚持未来价值原则。进行股权激励，要坚持激励未来对企业有价值的人员，只有能为企业创造未来的价值，企业才能可持续发展，也才能够让企业的股权有增值空间，企业股权增值，才能让激励对象获益。即便有时候我们为了二代接班或者培养的管理层等因素而采取退岗换股计划等方式，均是为了给新的接班人或者管理人员扫清企业经营管理中的障碍，让新的接班人或者管理人员能够更好地参与管理企业，其最终目的也是为了企业的未来，以未来价值为基本出发点。

第三，要坚持以绩效考核为依据原则。进行股权激励的时候，虽然都是坚持未来价值，但是未来价值一般是无法衡量的，会导致股权激励无法操作，很可能任人唯亲，这样也会导致不公平的激励，从而失去股权激励的目的。为了将未来价值量化，就应将股权激励与绩效考核相结合，通过绩效考核结果企业会考核出真正有才能的人、有价值的人，筛选出真正合格的激励对象。

第四，要坚持以历史贡献为参考原则。判断一个人的好坏，对他预期价值的创造能力的判断一般都是看他的过去。年轻人谈对象一般也是要看这个人的学历、家庭以及以往的情史等，这些都是他的过去；虽然一个人的过去并不能代表他未来的走向，但是在没有真实的"预言家"的情况下，我们普通人只能参考他的过去，去判断这个人未来是否有价值。所以企业做股权激励的时候一般是要参考准激励对象的历史表现和贡献，以确定实际的激励对象。

综上所述，在确定股权激励对象的时候一般是针对企业现状选择对未来有价值的人，在众多的对未来均有潜在价值的人员中通过绩效考核的方式结合他们的历史贡献确定最终的激励对象。

三、定数额

确定了股权激励的目标以及人员后，企业就需要考虑需要多少激励股权才能达到股权激励的目标，每个人需要激励多少才能起到激励效果，并且不至于给企业或者原股东造成负担。所以，企业要科学地设计股权激励的整体股权比例或者股票数额以及每个人的激励数额和标准。

中国证监会《上市企业股权激励管理办法》第十二条规定：用于全部有效股权激励计划所涉及的激励股票总数不能超过企业股本总额的10%；上市企业任何一名激励对象通过全部有效的股权激励计划获授的本企业股权，累计不得超过企业股本总额的1%，经股东大会特别决议批准的除外；在股权激励计划有效期内，高级管理人员个人股权激励预期收益水平，应控制在其薪酬总水平（含预期的期权或股权收益）的30%以内。高级管理人员薪酬总水平应参照国有资产监督管理机构或部门的原则规定，依据上市企业绩效考核与薪酬管理办法确定。

常用确定股权激励总量的方法有以下几种：

（1）在成立企业的同时就预留部分股权或者股票作为激励股权池，作为整体的股权激励的总量。由于留存股票的额度是有限的，需谨慎运用，避免一次或几次就用完。在设定这个股权池的时候需要考虑企业的总体布局以及后期发展不同阶段的需求等因素。当然，在后期的股权激励过程中随着企业的发展会对这个股权池进行调整。

（2）以企业以往的年度总体利润为基础，从总体利润中划拨出部分利润为最终的激励金额，以此确定股权比例或者股票数额。这里要参考划拨的数额是否能起到激励效果，又是否会对企业现有的情况造成影响，是否会严重影响现有股东权益，是否给企业造成现金流压力等因素。

（3）参考企业全体工资、薪金支出情况为基数确定股权激励总量。这主要是基于人力资源考核的方法，结合需要给员工进行奖励的金额水平，最终能分红的金额一般的原则是以员工工资、薪金的30% ~ 100%为标准；确定股权激励的股权比例或者股票数额一般也是以这个金额为准进行倒推。

在股权激励总量确定的时候，也会根据企业的具体情况确定具体的方案，也许会超出上述三种方法。一般情况下我们会选择以上方法中的一种并同时结合其他的方法去确定股权激励的总量。

除了确定股权激励的总量外，还需要确定具体到股权激励对象个体的数量。在确定股权激励对象个体数量的时候，需要考虑到以下几个因素：

（1）要考虑企业对激励对象的依赖程度。那些拥有企业核心技术、核心资源的人，也就决定了企业的核心竞争力，其未来可能创造的价值也就越大。所以在进行股权激励的时候当然需要特殊考虑，从激励数额上要有所侧重。

（2）要考虑激励对象岗位的重要性。有些人员在企业的某一具体岗位具有难以替代的作用或者具有很强的影响力，重要的岗位发挥的作用就会越大，对创造未来价值发挥的作用也就越大，需要给予其较有竞争力的股权激励数量。

（3）要参考激励对象在本企业的工作年限。一个员工在企业的工作年限越久，说明对企业的忠诚度越高，在未来企业的发展中起到的作用未必会大；

但是其忠诚度会影响其他人，这不仅是回报忠诚的老员工，也体现了企业的价值观，对其他员工具有很强的示范效应，会给企业带来稳定及其他额外的收益。那么在股权激励数量分配中就应该给予更多的股票数量。

（4）要考虑激励对象历史贡献。我们做股权激励要看他的历史贡献如何，很多时候一个人的过去决定了他的未来。未来价值是不可预知的，是不确定的，但是历史贡献是既定的，所以在对激励对象确定具体的数量的时候也要参考其历史贡献。

（5）要参考其他企业的方案。股权激励就像是工资待遇一样，如果别人家的年薪是 100 万，我们的是 10 万每年，这样我们的薪酬就没有竞争力了。做股权激励也一样，如果我们激励与其他企业尤其是同行业的竞争对手差距太大，也就缺乏了行业竞争力，也就很难起到吸引或者留住人才的目的。

综上所述，在确定个体激励数量的时候也要坚持未来价值原则，结合其工作年限、历史贡献、岗位的作用以及其他企业的方案等因素来确定，具体操作中会结合激励对象的工资、年终奖以及股权激励的股权价值来综合确定。

四、定模式

企业在确定了股权激励的目的、需要激励的人员以及激励的具体数额和单个数量后，就需要考虑采用何种模式进行股权激励了。如前所述，股权激励的模式包含很多种，主要有干股、股票增值权、股票期权、业绩性股票、限制性股票、虚拟股票、全员持股、优先股等模式。

做股权激励，重点还是激励。从激励力度来看，股票期权、业绩性股票、限制性股票、全员持股以及期股在激励力度是最突出的。如果企业想要实行最大力度的股权激励计划，这些股权激励工具可以成为重要的参考对象。相比而言，虚拟股票、股票增值权、账面价值增值权处于中等水平的激励力度，而其他股权激励工具的激励力度相对还要更低一些。

如前所述，股权激励除了激励外，还需要考虑约束性。从对激励对象的约束性来看，业绩性股票、限制性股票、期股都是对激励对象的约束性较强的股权激励工具。企业如果选择这些工具，能够更大程度地管控股权激励策略的风险，促进顺利达到股权激励计划目的。而股票期权、股票增值权、账面价值增值权处于中等水平。相比较而言，业绩性股票、虚拟股票、优先股、干股对激励对象的约束性都较差。

做股权激励，还需要重点考虑的一个因素就是对现金流的影响。从股权激励工具对现金流的影响来看，优先股、股票增值权、账面价值增值权激励工具对现金流的影响较大，它们可能对企业的现金流产生较大的影响。所以在运用的时候需要选择合适的时机。除此之外，业绩性股票和股票期权也会对企业的现金流产生一定的影响，但影响相对较小。其他的股权激励工具对现金流没有什么影响，如果企业的现金流压力长期较大，不妨选择其他的股权激励工具。

对于从股价对股权激励的影响来看，股票期权和股票增值权值价变化会受到较大影响。而业绩性股票、虚拟股票、限制性股票、期股也会因股价变化受到影响，其他的股权激励工具受股价变化影响较小。股价对股权激励的影响一般是上市企业主要考虑的一个因素，因为上市企业的股价变动关系重大，涉及众多股东的利益、上市企业本身的利益等。并且激励对象一般都是高管或者董事会成员，有时候他们为了一己私欲而故意造假，虚构业绩或者报表从而影响股价，最终获得实际个人的收益，但损害了企业利益。但是对于非上市企业对此因素的考虑比较弱，有时候可以忽略不计。但是有时候非上市企业在做股权激励也会对企业每年如何计算股权激励的股价进行明确约定，以一定的公式来确定每年的股价，关系到激励对象的变现、退出等，这时企业也有必要注意股价对股权激励的影响因素。

从股权激励对激励对象的风险来看，业绩性股票、股票期权、虚拟股票、股票增值权、账面价值增值权的风险性是比较小的，因为特有这些股权的激励对象可以选择放弃行权。尤其是当股票出现贬值的时候，可以放弃行权以避免承担股权贬值的风险。而像限制性股票、期股等股权激励工具，激励对象需要承担更多的风险。

从适用性来看，账面价值增值权、干股适合非上市企业，尤其适合初创企业。期股对于非上市企业来说更加具有针对性和更加适用。当然，像虚拟股票、股票增值权、业绩性股票、股票期权、限制性股票、优先股、延期支付不仅仅适合上市企业，也适合非上市企业。而员工持股计划、管理层收购更多运用在国有企业改革中。

从操作方式来看，一般情况下业绩性股票、虚拟股票、股票增值权、账面价值增值权是一次性授予的，而像股票期权、期股、优先股一般会分批授予。

当然，这些区别只是一种参考。在区别各种股权激励工具的差异性的同时，还需要考虑到企业内部的发展情况。只有把各种因素结合起来，才能找到最适合企业发展的股权激励工具。一般而言，无论是哪一种股权激励工具都有其局限性和适用范围。所以，在选择股权激励工具的时候可以不局限于一种股权激励工具，可以把两种或两种以上股权激励工具结合在一起，综合各种优点，规避各自缺点，以达到灵活运用的目的。

五、定时间

做任何事情都需要结合天时、地利、人和三个因素，做股权激励也要考虑这三个因素。做股权激励首先要确定目的，确定了目的后就确定了激励对象，激励对象即为人的因素；根据具体的企业情况选择了最适合的模式，即为地利；这个时候还缺天时。在确定了股权激励的目的、人员、数量以及模式以后就需要考虑进行股权激励的时间了，这个时间即为天时。这里的时间可以分为两个方面的内容，一方面是选择合适的股权授予的时机，另一方面是规划一个合理的授予时间表。

第一个方面是指选择什么时机进行股权激励，这和企业的性质、规模、发展阶段有关系，针对不同情况，企业可以选择不同的授予时机。比如非上市企业和上市企业、小企业和大企业、初创型企业和成熟的企业的授予时机都是不一样的，选择一个适当的时机出手，如同把握商业机会，对企业来说是十分重要的。这个问题没有统一答案，但有一个原则，那就是具体问题具体分析。只有充分地了解企业的发展现状以及市场的现状，才能选择一个合适的机会，并促使股权激励达到最大的效果。

第二个方面是规划合理的股权授予时间表，该时间表既要达到企业长期激励的目的，又不会使员工感觉股权激励不够明显，一个合理的时间表能够达到持久激励的效果，从而切实实现企业和员工的双赢。

一般而言，股权激励会涉及以下时间：股权激励计划的有效期、授权日、等待期、解锁期、行权日、行权窗口期和禁售期。

六、定指标

对于股权激励我们反复强调考虑的是激励对象创造的未来价值，那么激励对象能否创造满意的未来价值还不确定，这就需要拿绩效考核来衡量，那么绩效考核就是我们所谓的指标。激励对象只有在某一指标的限制下、或者完成什么任务的情况下才能得到相应股权。没有一定的约束任务指标，股权激励就变成了股权奖励；股权激励一般是为某一长远目标而设置的，而股权奖励只能起到短期作用。

股权激励的约束指标分为两个方面：一方面是股权激励计划的授予指标，另一方面是股权激励计划的行权指标。

授予指标是指激励对象获授股权时必须达到或满足的指标。比如绩效目标、行为表现等。对于上市企业而言，有两个主要的条件：一是财务审计结果是否合格，二是是否被交易所或中国证监会公开批评或行政处罚。除此之外，企业还可以将员工的学历、工作年限、岗位级别等方面作为授权指标。

授予方式主要分为一次性授予和分期性授予。

行权指标是指激励对象对已获得的股权行权时必须达到或满足的指标，也就是我们日常所说的绩效考核。

七、定机制

任何方案的执行最后都需要制定相应的机制。前文中就如何进入、如何取得、取得多少进行了论述，那么如何变现、如何退出也是重要的一个方面。激励对象主要是为了利用其未来有价值的部分，激励对象参与股权激励方案也是为了取得股权带来的收益，所以还需要确定变现及退出机制。变现的方式也主要是通过退出实现的，因此定机制主要是为了确定股东的退出机制。对于一家上市企业而言，股东退出比较容易。因为上市企业的股票可以在二级市场上流通，只要符合相关条件，持股者就可以自由套现。

但对于非上市企业而言，缺乏上市企业的条件，持股者不能自由套现。因此制定有效的退出机制是十分必要的。有一小部分企业在股东退出机制方面做了"手脚"，其希望被稀释掉的股份最终不能卖出，因此也就可以得利，因为不再需要用钱把股票回购。其实这种股权激励的想法和做法是非常错误的，因为这样做不仅不能起到股权激励的作用，反而会使企业名声扫地，最终损害的是企业。

当非上市企业制定股权激励计划时，就股权退出方面有以下几个问题需要注意：

第一个问题是股权转让。按《中华人民共和国公司法》规定，有限责任公司的股东之间可以相互转让其全部或部分股权。公司章程对股权转让另有规定的，从其规定。股份不仅仅可以在企业内部转让，也可以向外部转让。但是，当逆向外部转让的时候，需要通过书面通知内部相关人员，否则就是无效的。

转让股权后，公司应当注销原股东的出资证明书，向新股东签发出资证明书，并相应修改公司章程和股东名册中有关股东及其出资额的记载。但对于公司章程而言，该项修改不需要在由股东会表决。最后，还要办理股东工商变更登记。

第二个问题是股东退股。股东什么情况下可以退股呢？有以下几种情形：一是企业连续五年不向股东分配利润，这时候，股东可以向法院提起诉讼，要求退股，公司必须以合理价格回购股份。二是公司合并、分离、转让主要财产的时候，股东可以退股。三是公司章程规定的营业期限届满或者章程规定的其他解散事由出现。

第三个问题是股东离开。股东离开的时候，作为注册股东，还享有股东的权益。但是，有几种情况是不被允许的。比如，在竞争对手的公司工作、成立与公司有竞争关系的公司、唆使公司员工离职、引诱公司客户脱离、违反公司保密制度、公司章程等。

第四个问题是股东死亡。如果股东意外死亡，他的股份可以有以下两种处理方式：一种是由股东的法定或者遗嘱继承人享有其股份收益。二是由公司回购。当然，股东生前有遗嘱，就可以按遗嘱办事。

八、持股方式的考虑

除了以上的模式以外，还要考虑持股方式的问题。持股方式分为自然人直接持股、高管代持、成立持股平台，持股平台又分为成立有限合伙性质的持股平台和公司性质的持股平台。

自然人直接持股，一般是指将股东直接登记到公司登记机关的档案中，记载到公司的章程以及股东名册中。这种持股方式有一定的局限性，因为有限责任公司的股东不能超过 50 人，股份公司的发起人不能超过 200 人，否则可能涉嫌违法或者无法登记，有的也会影响后期上市。这种持股方式的优势就是直接将股东登记在激励对象名下，对激励对象有保障，有安全感。

　　高管代持，实际上是由公司的个别或者几个高管代为持有激励对象的股权，高管与激励对象之间签署代持协议，明确双方的权利义务，以及代持的基本情况等信息；但是存在代持人的道德风险、债务风险等问题。

　　持股平台模式，一般来说分为有限合伙性质的持股平台和公司性质的持股平台，公司性质的又分为股份公司和有限公司模式。我们一般建议采用有限合伙模式。这种模式激励对象所持股权为间接持股，由公司或者大股东、高管、法定代表人等作为普通合伙人，激励对象作为有限合伙人成立有限合伙企业，该有限合伙企业作为股权激励的持股平台。

第六章

股权激励中常见的股权代持问题

本章主要内容包括：

➤ 什么是股权代持

➤ 股权代持的法律风险

➤ 规避代持风险的方法

一、什么是股权代持

很多时候企业为了掌握企业的控制权都是以股权代持的方式做股权激励，其实股权代持有很多风险的，只能尽量采取一些风控措施降低股权代持的风险。本章主要介绍什么是股权代持以及有什么风险及风险的预防措施。其实不仅仅是股权激励中的股权代持，很多企业不做股权激励也会用到股权代持，希望能够帮助更多的企业和股东们。

股权代持，也叫作委托持股或者借名持股，是指实际出资人与名义出资人达成约定，以名义出资人作为名义股东，即代持人或者显名股东，将其登记在股东名册以及公司章程和工商登记部门的登记信息上，但名义出资人并不实际缴纳出资、享受投资权利，而是由实际出资人（也就是实际股东或者隐名股东）履行出资义务并享有投资权益。我国对其合法性通过《最高人民法院关于适用〈中华人民共和国公司法〉若干问题的规定（三）》进行了相应的认可。

随着社会的发展，信息公开透明度越来越高，人们对商业信息、个人隐私的保密要求越来越高。在这样的背景下，股权代持凭借其本身所特有的隐秘性和灵活性，已被广泛地应用在商业活动中。一些创业公司为了激励员工，通常会赠送股份，而为了避免频繁变更工商登记，也有的为了避免股东人数超过上限（有限公司 50 人，股份公司 200 人），一般都会采用代持的方式；有的为了规避法律风险会对境外投资者或者行业的限制而采用国内主体进行代持的行为；也有部分拥有公权力背景或者关系的人员参与商业行为，出于身份特殊性的考虑或者因为由各种纪律或者法律限制而采用股权代持的情况；也有是因为不想露富而采用股权代持行为。从股权激励的概念来看，股权代持本是个中性词，但是随着商业活动中大量的被引用，由股权代持安排引起的纠纷和争议也越来越频繁。

二、股权代持的法律风险

虽然我国法律对股权代持的合法性予以了认可，商业活动中也普遍采用股权代持这一商业行为；但是随着它普遍的应用，纠纷和争议也越来越多，其法律风险也逐步显现。股权代持的法律风险主要有以下几个方面。

1. 代持人负债引发的风险

如果代持人负有个人债务，被诉讼，很有可能会将其名下的公司股权进行查封。虽然这个股权实际上不是他的，但是在公司登记上显示股权是他的，在工商登记部门的登记也属于他的，工商登记部门的登记具有一种公示效力和公信力，会让善意的第三人认为这是一种真实的存在。即便实际的股东拿着与当事人之间签订的《委托持股协议》，向人民法院要求解封也是不能实现的，因为实际出资人与代持人之间是一种合同关系，具有相对性，对合同之外的第三人，尤其是善意的第三人是没有效力的。所以如果你是作为实际出资人，在这种情况下主张进行解封，也不会被法院认可，因为法律规定不得以内部股权代持协议有效为由对抗外部第三人对代持人的正当权利。

上述案例我们经常遇见，有时候执法机关将其一个人的名下持有 A 公司的股权查封，这时候就站出来一个人，拿着委托代持协议，说查封是错误的，我要提执行异议，但是这种情况一般都会被法院驳回。当然，也有一种特殊情形，如果说查封的这个人即债权人，明知被查封的人名下的股权不是债务人真实持有的，而是另有他人，此种情况下可能就会进行解封，因为它已经不属于善意的第三人了。但对于他是否知情，这个举证责任应当属于提出异议的一方。

2. 代持人死亡引发风险

如果代持人意外死亡，则其名下的代持资产将有可能涉及继承或者其他的法律纠纷。

很多时候这种代持行为，代持人的家属可能并不知情，如果代持人死亡，其家属可能会要求主张对其名下的股权进行继承，这样可能就会对股权的权属纠纷产生争议。

即便代持人的家属认可这种代持行为，但如果继承人比较多，继承人的意见未必统一，如将来还是否需要进行代持；如果还需要进行代持，是实际出资人另行寻找其他的人进行代持，还是将来仍由代持人的继承人其中的某个人来进行，具体是由谁进行代持都是问题。并且如果实际出资人要求自己登记到工商信息里面，那么也需要当事人的继承人的配合；如果变更代持人也需要经过继承人的配合，所以无形中会增加很多的麻烦。

之前就遇到过同样的一个案例，甲是 A 公司的代持股东，乙是实际的出资人，但是甲在一个意外事故中死亡，现在乙想将持有的 A 公司的股权进行转让，但是由于甲已经死亡，无法进行股权转让，必须在甲的股权由其继承人进行继承后，才能够进行正常的转让。然而继承人想从中获得部分收益，由此发生了纠纷，就导致无法及时地进行股权转让，从而错过了最佳的转让时机，造成了巨大的损失。

3. 实际出资人死亡

从性质上来看，股权代持中的实际出资人的权利义务并不是公司股东的权利义务，而是基于代持协议与名义出资人之间的合同性质的权利义务。因此，实际出资人死亡后，可依据代持协议的规定继承相应的权利及义务，除非代持协议有特别的规定外。但是有的时候，这种实际出资行为实际出资人的家属也并不完全知情，有的可能是部分人知情，这样也很容易导致有部分人无法行使权利获得收益。也有可能因为继承人之间发生了纠纷，而无法及时获得相应的权利。也有的不知道应当听谁的指挥行使股东权利，将所获得的分红支付给谁。这样很有可能会给公司的经营造成实际上的障碍。

我们再来看一个案例，甲是 A 公司的名义股东，乙是实际出资人。实际上甲仅仅在工商行政管理部门登记注册，公司的实际经营均由乙负责，甲根本不知道公司的经营内容和办公场所的位置，也从未参与过公司的经营。但是乙意外死亡，乙的继承人丙和丁，到公司要求行使股东的权利，公司的其他股东认为丙和丁并不是公司的股东，不允许他们行使权力，提出除非甲将其名下的股权转让给丙和丁，而丙和丁又无法寻找到甲，这样就导致丙和丁的权利无法保障，也无法行使股东的表决权，对公司的经营及个人的利益均造成了影响。

4. 代持人的婚姻变化引发的风险

《最高人民法院关于适用〈中华人民共和国婚姻法〉若干问题的解释（三）》第五条规定，夫妻一方个人财产在婚后产生的收益，除孳息和自然增值外，应认定为夫妻共有财产。《中华人民共和国婚姻法》第十七条规定，夫妻在婚姻关系存续期间所得的继承或赠予所得的财产，归夫妻共同共有；夫妻对共同所有的财产，有平等的处理权。依据法条，代持人的婚姻状态如果发生变化，代持的股权一旦被认定为代持人夫妻共有财产，将有可能面临被分割的法律纠纷。

5. 代持人故意损害实际出资人的权益

如果代持人故意损害实际出资人的权益，实际出资人会面临法律风险。因为公司认可的是代持人，其他人认可的也是代持人，如果代持人将持有的公司的股权进行转让，将转让的股权款项据为己有，或者将分红据为己有，或者是随意处置公司资产，都将是实际出资人进行股权代持的法律风险。

比如说，甲是 A 公司的名义股东，乙是 A 公司的实际出资人，A 公司进行分红，将款项支付给了甲，但是甲却拒绝支付给乙，从而据为己有；或者甲并不想据为己有，但由于甲欠丙钱，并正好甲的账户被查封，此时乙也将无法获得应属于他的分红。

6. 代持人不听从指挥

因为股权的实际持有人属于实际出资人，而不是代持人，正常情况下，代持人行使股东权利的时候应当听从实际出资人的指挥，但是如果在选举董事会、总经理和法定代表人的时候，或者进行其他股东会决议的时候，代持人不听从实际出资人的指挥，而做出了有悖于实际出资人的意见的决定的时候，很有可能就是对实际出资人权利的损害。而代持人的这种表决行为，对公司或者是对于第三人，可能就是生效的决议，实际出资人如果再想追究当事人的责任，或者是推翻这个决定就比较难，也比较复杂。《中华人民共和国公司法》第二十二条规定了瑕疵决议的无效和撤销，即："公司股东会或者股东大会、董事会的决议内容违反法律、行政法规的无效。股东会或者股东大会、董事会的会议集程序、表决方式违反法律、行政法规或者公司章程，或者决议内容违反公司章程的，股东可以自决议作出之日起六十日内，请求人民法院撤销。"该法条明确规定只有股东才能够有撤销权，但是实际出资人还不完全具有股东资格，最起码这点是有争议的，很多时候实际出资人想要行使撤销权也需要通过代持人进行，如果代持人不听指挥，实际出资人想要撤销就需要自己"显名"，成为具有完全资格的股东，这样可能还会发生诉讼。这个诉讼时间可能会很长，"显名"诉讼结束后，即便撤销这个决定可能也已经没有意义了。所以这个风险点要特别注意。

比如说，甲是 A 公司的名义股东，乙是 A 公司的实际出资人，乙是大股东，其他股东仅占有少量股权。乙想选举丙作为 A 公司的法定代表人，其他股东想选举丁作为法定代表人，结果在甲的配合下选举了丁作为法定代表人，这个时候乙可能会丧失对公司的实际控制了。

7. 实际出资人难以确立股东身份的风险

虽然司法解释肯定了股权代持协议的法律效力，但是投资权益并不等同于股东权益，投资权益只能基于代持合同向名义股东（代持人）主张，而不能直接向目标公司主张，存在一定的局限性。比如，前段时间马 × 说他持有的公司股权是被王 × 强代持的，现在想查公司的账目，这样可能就存在一定障碍，如果公司不认可，公司的其他股东也不认可，是很难查账的。因为公司法并没有给予实际出资人的查账权利，实际出资人的查账权利也仅仅能通过代持人来行使，即便马×和王×强之间存在代持协议，但估计马×让王×强行使这个权利也很难吧。

根据公司法解释，必须经过公司半数以上股东同意，实际出资人方可向法院请求公司变更股东、签发出资证明书、记载于股东名册、记载于公司章程并办理公司登记机关登记。但如果是一人公司，公司仅有代持人一个股东，也将是一个比较麻烦的问题。或者说，即便代持人与实际出资人均认可，将实际出资人登记到股东名册或者记载章程，或者是公司登记机关登记，其他过半数以上的股东不同意也将实现不了。

8. 代持人填补出资的风险

按照股权代持的约定，应当是实际出资人履行出资义务，但是如果当实际投资人未履行出资义务时，因为现在很多公司都是认缴出资，也正因为是认缴出资的出现，很多公司的注册资本都是很高的。但是如果公司经营不善，导致亏损，股东就需要履行出资义务，在认缴的出资范围内承担责任；若公司的债权人追索，则很可能会将代持人告上法庭，最终判决也可能会要求代持人承担出资义务，其不能以不是实际投资人为由拒绝承担责任。代持人也只能在承担责任后向实际出资人进行追偿，但是这个追偿的结果不好预测，因为本身就是经营不善的企业的实际控制人，那么现在很有可能也已经陷入了财务困难，无法支付这个资金。即便最终代持人能够得到补偿，但是在诉讼或者执行过程中可能会被查封其他财产（房产、车辆等），导致这些财产不能够正常交易或者年检等，也可能会被列入失信名单，导致无法出国、乘坐飞机或者高铁等。所以代持人不要轻易给别人代持股权，自己一定要有风险意识。

例如：甲是 A 公司的名义股东，乙是 A 公司的实际出资人，A 公司注册资本 100 万，注册资金全部是认缴出资。因经营不善欠 B 公司 100 万，B 公司要求 A 公司还款，发现甲作为股东没有实际出资，则可以依据法律规定向甲进行追偿，甲需要对此债务承担还款责任。

9. 代持人承担连带还款保证责任的风险

现在很多公司从银行或者民间进行借款的时候，银行或者民间的投资者都会要求公司的股东承担连带保证责任，有的还会要求股东的夫妻双方都在保证合同或者保证书上签字，此时签署的保证合同或者承诺的必然是名义股东和其配偶；但是，实际经营是由实际控制人即实际出资人负责的，如果因为实际出资人故意转移资金或者经营不善导致无法还清贷款的情形，那么代持人可能就麻烦了，代持人很有可能会承担还款的保证责任，会拿出自己的房产、汽车等资产用于偿还欠款的。

10. 代持人成为替罪羊的风险

实际出资人如果是想利用公司进行非法活动，而他却隐藏在后面，在股东会决议上签字的都是代持人，代持人很有可能对实际经营的情况不清楚，但是由于对股东会决议全部由其签字，从证据上来看很有可能要承担一定的责任，有时候很有可能会承担刑事责任。所以代持人要清楚地了解实际出资人的身份，正确判断后者是否符合成为股东的法律条件，公司经营是否合规等，以免成为他人从事非法经营的"白手套"、事发后的替罪羊。

代持人很多时候也会是代持了法定代表人的身份，什么叫代持法定代表人的身份呢？法律上没有这个代持法定代表人的概念，实际上就是名义上是法定代表人，但实际上不履行法定代表人的义务、也不行使法定代表人的权利，有的时候会承担义务但不行使权力的，法定代表人真正的权利由实际出资人行使。代持法定代表人的这种情况，遇到问题的时候，后果可能会更加严重，如果涉嫌刑事犯罪首先会将法定代表人进行传唤，很有可能会被拘留要求配合调查一段时间，虽然这段时间经审查后能够证明这个代持人是无罪的，但是进拘留所这段时间的生活体验可就是白白"享受了"。如果企业违法经营，很有可能会受到行政处罚，很有可能会处罚法定代表人的。还有虽然不是刑事问题也不是民事问题，但也有可能因为企业欠款后被执行，在执行案件中被列入失信名单，将不能乘坐高铁、飞机、住高档酒店了。

11. 代持协议无效的情形

例如，国家对一些行业进行限制，不允许外资进入，外资为了进入这一市场作为实际出资人，找一个国内的代持人，签署了代持协议，但这种代持协议很有可能是无效的，最终不被法律所认可。

在实践中，这一类风险很可能表现为名义股东与实际出资人之间的利益冲突。曾经引发轰动的华懋金融服务有限公司委托中国中小企业投资公司（中企投）代持民生银行股权纠纷案件，就是由于华懋公司为了规避 20 世纪 90 年代内地对于境外资本入股金融机构的禁令，而委托中企投代持其出资的 9 000 万元人民币。岂料，民生银行后来的迅猛发展超出了所有人的意料，面对巨额股利，中企投决定向北京市高级人民法院提起"确认双方股权代持协议无效"的诉讼，以排挤华懋公司，独享全部股东权利；而心有不甘的华懋公司则向对方提起了要求确认委托关系存在、自己为实际出资人的反诉……在历经 10 年官司之后，最高人民法院作出了终审判决：双方的委托代持关系因违法而无效，中企投向华懋集团返还 40% 的股票价款和分红。最终，华懋公司失去了股东资格，中企投则失去了志在必得的部分预期利益，并招致舆论的道德拷问，该案导致了两方当事人的"双输"局面。

总之，从以上分析可以看出，股权代持的协议效力一般为法律所认可，特殊情况也会被认定为无效；实际出资人的财产权利一般为法院所支持，但是身份权利可能很难得到保障；实际出资人决定"显名"也有一定的程序，不是那么容易实现；股权代持对双方都有风险，代持需谨慎。

三、规避代持风险的方法

1. 签署正式、明确、完整的代持协议

签署正式、明确、完整的代持协议是规避代持风险最简单直接的方式，也是目前使用最多的方式。设立代持股时，一般双方都会签署正式股权代持

协议，明确约定双方的权利、义务，对如何行使股东权利，如何履行义务进行约定。主要围绕着如何支付获得的分红、股权收益以及逾期的时候如何承担责任，如何支付代持人的报酬，一方给另一方造成的损失的责任承担的情形；这些都需要明确、细致地约定。

比如说需要约定，行使权利的内容以及依据、行使权力的程序、支付款项的时间；代持人在出席公司股东会的时候需要进行表决时，哪些情形要根据实际出资人的指示进行，哪些情形可以自行决定；实际出资人需要怎样指示，代持人遇到突发情况是否可以灵活决定；哪些签字需要得到实际出资人的明确同意，指示或者同意的方式是怎样的（书面还是电话等方式）。

2. 出资凭证的保留

实际出资人证明他是实际股东的最有利方式就是证明钱是自己出的，那么证明钱是自己出的最直接的方式就是出资证据，这些出资证据主要包含了银行凭证、收据、公司出具的出资证明书、权利凭证的转移手续文件等。

所以，建议实际出资人履行出资义务的时候保存好详细的资产转移证明文件，如果是现金入股的，最好是通过银行转账的方式，并且通过实际出资人的账户直接支付到目标公司账户，如果存在一定的不便或者有一些顾虑，也要从实际出资人指定的账户将款项直接支付到代持人账户，并由代持人账户直接支付到目标公司账户，并将转账凭证或者银行流水保留好（保留的资料包括支付给代持人的凭证和代持人支付给公司的凭证），还要要求代持人写出证明，证明该笔款项是由实际出资人进行支付、用于股权出资的。

如果是实物出资，也要尽量保留相应的证据。动产的交付要保留好交割单、购买的原始凭证等；涉及不动产更要保留好不动产的交易手续，到不动产登记部门进行登记。如果是知识产权，也要做好相应的交接文件并到知识产权备案登记的相关部门进行备案登记。

如果有可能，出资的流程尽量也要在代持协议中进行明确约定，代持协议与付款证据相互印证。

3. 签订股权转让协议

可以考虑在签订股权代持协议的同时签署有关所被代持的股权转让协议，这样实际出资人可以随时依据股权转让协议要求将所被代持的股权转让到自身或指定的其他人名下。同时附上办理股权转让的委托书，以及其他股东过半数同意的股东会决议。

实际出资人也可要求代持人出具一份授权委托书，委托实际出资人或者其指定的第三人处置与被代持股权有关的事项。类似的措施还有实际出资人和代持人签订股权期权购买协议或代持人将行使代持股份的权利独家授权给实际出资人等。相关文书尽量采用公证或者律师见证的方式进行，尤其是代为进行股权转让的委托书，因为一般工商管理部门要求股东本人到场。但是如果发生纠纷，代持人无法到场，需要委托其他人，这样的委托公司登记机关也会要求经过公证或者律师见证。

4. 办理股权质押担保

代持人可能会私自将股权进行转让，出卖给别人，拿钱"跑路"；也可能会因为欠别人的钱，其名下的代持股权会被债权人查封，然后被人家拍卖；这样都会导致实际出资人的利益遭受损失，没了股权，也没了钱。

为了防止代持人私自转让股权或者代持人的债权人查封该股权，可以在办理工商登记的时候，也就是在股权代持的同时，办理股权质押进行担保，将代持的股权向实际出资人办理质押担保。这样就确保了代持股人无法擅自将股权向第三方提供担保或者出卖转让，也防止代持人的债权人进行查封该股权，即便查封了该股权，代持的股权所出卖的款项也优先支付给实际出资人，这样实际出资人也就有了优先权的保障，防止"赔了夫人又折兵"。

5. 双方亲属出具认可代持声明

前文中讲到婚变的风险、代持人死亡的风险、还有代持人代为出资的风险后可能要动用实际出资人夫妻共同财产等，而实际出资人家属不予认可，为了规避这些风险，建议代持人与实际出资人要安排双方亲属出具认可代持的书面声明。一旦引起纠纷，进入诉讼程序就是个比较麻烦的事情，一是诉讼时间长，商场瞬息万变，会丧失诸多商机；二是可能会导致股东会议无法正常召开，很可能会影响公司的贷款或者其他正常经营行为。

所以建议由代持人及实际出资人亲属出具声明，最起码也要直系亲属或者夫妻双方对该代持行为的认可，并且建议该声明最好将可能预料的情形进行明确并经过公证机关公证或者聘请律师进行律师见证。

6. 法人机构代持结构

采用由法人机构替代常用的自然人的代持股权的结构，这样的结构相对来说比较安全、系统、可靠、可控。法人机构进行代持股权更容易做出一套比较完善的风控体系，比如可以选择这个法人机构的股东是互相不认识的人，这个法人机构的法定代表人又不是股东，另选他人做法定代表人，这个法人机构也不进行实际业务开展，只是作为代持股的平台，然后法人章、公司公章、财务章由实际控制人进行掌管等；不过这样的设计需要专门的条款进行阐释，具体的情况不同也需要进行不同的设计，所以需另行设计。

如有条件还可以选择专业的资产管理公司来持有股权，或者选择境外免税地区设立离岸公司，通过层层设计的股权结构来持有股权。

7. 通过人员对公司进行控制

股权代持对于实际出资人的最大风险在于实际出资人失去对公司的控制权，导致公司的资产被随意处置等情形的出现。

所以在日常的公司经营中可以采取一系列的措施，例如控制公司的选举，从而控制公司的董事会、监事会以及经理等人员并将股东的代持人与公司的法定代表人分离，由不同的人担任，防止代持人既能签署股东会决议，又能代表公司，从而完全掌控公司，给予其可乘之机。

8. 家族信托

家族信托也是一种重要的代持方式。依据《中华人民共和国信托法》的规定，委托人基于对受托人的信任，将其财产权委托给受托人，由受托人按委托人的意愿以自己的名义，为受益人的利益或者特定目的，进行管理或者处分的行为。在这种法律框架下，委托人即资产的实际持有人，受托人便是代持人。

委托人可以根据自己的意愿设立家族信托，将其名下的现金、股权或不动产转移到家族信托中，并委托自己信任的受托人进行管理、处分，信托合同的条款的订立受到《中华人民共和国信托法》保护，相比由自然人双方私下签署的代持协议，应当是更具备法律效力与保障。

9. 增强法律及证据意识

股权代持双方都要增强证据意识，注意保存搜集代持股的证据。为了防范万一，一方面要签订全面、细致的代持股协议并及时办理公证；另一方面要注意搜集保存好证明代持股关系的证据，比如代持股协议、出资证明、验资证明、股东会决议、公司登记资料等。如果代持股人严重违约或者法院冻结保全执行代持股份，可以及时提出诉讼或者执行异议来维护自己的合法权益。

第七章

股权激励中的章程

本章主要内容包括：
- ➤ 公司章程需要记载的事项
- ➤ 公司章程可以自由发挥的地方

股权激励必然涉及修改公司章程，但是很多公司成立之初都不规范，制定的章程很多都是从网上下载或者工商代办中介提供的格式化模板，未必符合企业实际，因此做股权激励的时候需要进行梳理修改。

根据公司法开办公司必须有份章程，普遍也都把公司的章程比喻成公司的"宪法"。但是绝大多数人创业之初，在开办公司时不懂得如何制定章程，也不会去专门研究、商讨公司的章程，多数创业者是委托工商代办机构或者公司员工随意弄一个范本，甚至有的从网上直接复制一份；有的会去网上找上市公司的章程改改；有的向律师朋友简单咨询一下，然后要个模板改改而已。

由于创业者、股东忽略了公司章程的重要性，会导致出现很多问题，存在很多的风险和漏洞。要么是太过简单，都是法律规定的基础内容，没有实际意义；要么是参照了上市公司章程，根本不符合自身公司的情况，导致水土不服。

我在服务过程中发现很多客户都是有了问题才意识到章程的重要性，才意识到原来出现了这样或者那样问题的根源在于没制定好公司的章程，如果公司的章程提前设定好了处理问题的方法或者解决的途径可能不会发生纠纷，更不会诉讼到人民法院或者仲裁委，最终导致两败俱伤。而为了解决这些问题需要耗费更大的精力和财力，有的根本解决不了问题，最终公司陷入僵局，盈利的公司最终走向了破产或者解散。我在为企业服务过程中遇到的问题比比皆是。比如有的公司联系不上股东了，有的甚至找不到大股东了，导致公司股东会无法召开，股东会决议无法签署，无法得到工商或者其他相关部门的认可，影响公司的正常经营；有时候急需贷款，可无法形成贷款的股东会决议银行不予放款；有的大股东利用大股东的身份，随意损害小股东利益，小股东却得不到任何救济；有的因为股东突然去世，没有遗嘱，发生继承纠纷，会让公司暂时陷入无主状态；有的因为股东婚姻情况发生变化，导致公司控制权发生变化，影响公司长期稳定发展；还有很多类似的情况我们在下文中详述。下面我们来学习如何制定公司章程，如何运用章程等问题。

一、公司章程需要记载的事项

公司章程，是指公司依照法律法规制定的规定公司的名称、住所、经营范围、组织机构、经营管理制度等重大事项的重要文件。除了法律强制性规定的内容外，一般公司、公司股东认为有必要的都可以在章程里面进行约定，并备至于公司及工商登记部门，对公司的股东、高管均产生效力，也对外产生一定的公司效力。

公司章程记载的事项包含了公司的必要记载事项和任意记载事项。必要记载的事项是法律规定必须记载到章程里面的事项，主要是一些基础事项，体现了法律的基础规范；任意记载事项是股东根据公司情况认为有必要记载到公司章程里面的事项，主要是体现了公司股东的自由权利。

这些记载的事项在公司法中也分为强行性规范和任意性（授权性）规范，其中强行性规范一般只能严格遵守，不能随意改变，必须按照公司法的规定执行；而任意性规范却为股东们提供了结合自身公司的情况和诉求，灵活地、自由地设计章程内容的可能性，也就是设计股东之间的合作方式，设计对公司的控制权、对股东投入公司资源的占比问题等。

根据《中华人民共和国公司法》（以下简称《公司法》）第二十五条规定，有限责任公司章程应当载明下列事项：

（一）公司名称和住所；

（二）公司经营范围；

（三）公司注册资本；

（四）股东的姓名或者名称；

（五）股东的出资方式、出资额和出资时间；

（六）公司的机构及其产生办法、职权、议事规则；

（七）公司法定代表人；

（八）股东会会议认为需要规定的其他事项。

股东应当在公司章程上签名、盖章。

1. 必要记载事项

必要记载事项，是指公司章程中必须记载的事项。如果必须记载的事项没有记载，则可能导致公司章程无效。按照《公司法》第二十五条的规定，有限责任公司章程的必要记载事项有以下 7 项：

（1）公司名称和住所；

（2）公司经营范围；

（3）公司注册资本；

（4）股东的姓名或者名称；

（5）股东的出资方式、出资额和出资时间；

（6）公司的机构及其产生办法、职权、议事规则；

（7）公司法定代表人。

有限责任公司章程的必要记载事项，虽然属于法律规定必须记载的事项，但并不是完全不能进行自由约定的，有的还是可以自由地进行约定，只是必须记载到章程中。换言之必要记载事项是必须有，但是内容可以根据股东自己的意思适当地进行自行约定；还有一些必要记载事项的内容散见于《公司法》条款中，法律也仅仅是对这些内容进行了方向性的规定，这些都需要通过自由约定来具体明确具有本公司自己特点的内容。具体内容总结如下：

（1）公司法定代表人按照公司章程的规定，由董事长、执行董事或者经理担任。《公司法》第十三条 公司法定代表人依照公司章程的规定，由董事长、执行董事或者经理担任，并依法登记。公司法定代表人变更，应当办理变更登记。

（2）股东会的定期会议按照公司章程的规定召开。《公司法》第三十九条 股东会会议分为定期会议和临时会议。定期会议应当依照公司章程的规定按时召开。代表十分之一以上表决权的股东，三分之一以上的董事，监事会或者不设监事会的公司的监事提议召开临时会议的，应当召开临时会议。

（3）董事长、副董事长的产生办法由公司章程规定。《公司法》第四十四条 有限责任公司设董事会，其成员为三人至十三人；但是，本法第五十条另有规定的除外。两个以上的国有企业或者两个以上的其他国有投资主体投资设立的有限责任公司，其董事会成员中应当有公司职工代表；其他有限责任公司董事会成员中可以有公司职工代表。董事会中的职工代表由公司职工通过职工代表大会、职工大会或者其他形式民主选举产生。董事会设董事长一人，可以设副董事长。董事长、副董事长的产生办法由公司章程规定。

（4）董事任期由公司章程规定。《公司法》第四十五条 董事任期由公司章程规定，但每届任期不得超过三年。董事任期届满，连选可以连任。董事任期届满未及时改选，或者董事在任期内辞职导致董事会成员低于法定人数的，在改选出的董事就任前，原董事仍应当依照法律、行政法规和公司章程的规定，履行董事职务。

（5）执行董事的职权由公司章程规定。《公司法》第五十条 股东人数较少或者规模较小的有限责任公司，可以设一名执行董事，不设董事会。执行董事可以兼任公司经理。执行董事的职权由公司章程规定。

（6）监事会中职工代表监事的具体比例由公司章程规定。《公司法》第五十一条 有限责任公司设监事会，其成员不得少于三人。股东人数较少或者规模较小的有限责任公司，可以设一至二名监事，不设监事会。监事会应当包括股东代表和适当比例的公司职工代表，其中职工代表的比例不得低于三分之一，具体比例由公司章程规定。监事会中的职工代表由公司职工通过职工代表大会、职工大会或者其他形式民主选举产生。监事会设主席一人，由全体监事过半数选举产生。监事会主席召集和主持监事会会议；监事会主席不能履行职务或者不履行职务的，由半数以上监事共同推举一名监事召集和主持监事会会议。董事、高级管理人员不得兼任监事。

（7）国有独资公司监事会成员中职工代表的具体比例由公司章程规定。《公司法》第七十条 国有独资公司监事会成员不得少于五人，其中职工代表的比例不得低于三分之一，具体比例由公司章程规定。监事会成员由国有资产监督管理机构委派；但是，监事会成员中的职工代表由公司职工代表大会选举产生。监事会主席由国有资产监督管理机构从监事会成员中指定。监事会行使本法第五十三条第（一）项至第（三）项规定的职权和国务院规定的其他职权。

（8）公司将财务会计报告送交各股东的期限由公司章程规定。《公司法》第一百六十五条 有限责任公司应当依照公司章程规定的期限将财务会计报告送交各股东。股份有限公司的财务会计报告应当在召开股东大会年会的二十日前置备于本公司，供股东查阅；公开发行股票的股份有限公司必须公告其财务会计报告。

2. 任意记载事项

根据《公司法》第二十五条规定，有限责任公司章程应当载明下列事项：……（8）股东会会议认为需要规定的其他事项。

这就属于任意记载事项，如果章程里面没有规定这些事项也不影响公司章程的效力，但是这些任意记的载事项只有在公司章程中记载才能够生效。如果仅仅记载到股东和合作协议中那么对公司的高管或者第三人是没有效力的，仅仅对股东之间存在合同约束力。

换言之，就是公司章程任意记载事项与《公司法》明确要求的必须记载的事项有所不同，可以不写进章程中。公司法中有了一般情况下的指导性规定，但是股东可以通过制定章程的方式去变更公司法的一般性规定，也可以是公司法没有指导性规定的内容，可以自由创设的内容。此类事项，如果公司章程中没有记载，按照《公司法》的规定；如果公司章程中有记载，则按照公司章程。

《公司法》对公司章程中可以任意记载事项的有关事项，也是散见于各个条款之中，没有集中表现。为了方便大家学习，我们对这些内容进行了提炼，通过梳理，共有以下 15 项。

（1）公司章程对公司对外担保的作出由股东大会或者董事会决定，公司对外担保的限额。《公司法》第十六条 公司向其他企业投资或者为他人提供担保，依照公司章程的规定，由董事会或者股东会、股东大会决议；公司章程对投资或者担保的总额及单项投资或者担保的数额有限额规定的，不得超过规定的限额。公司为公司股东或者实际控制人提供担保的，必须经股东会或者股东大会决议。前款规定的股东或者受前款规定的实际控制人支配的股东，不得参加前款规定事项的表决。该项表决由出席会议的其他股东所持表决权的过半数通过。

（2）公司章程可以对股东会法定职权以外的职权作出规定。《公司法》第三十七条 股东会行使下列职权：（一）决定公司的经营方针和投资计划；（二）选举和更换非由职工代表担任的董事、监事，决定有关董事、监事的报酬事项；（三）审议批准董事会的报告；（四）审议批准监事会或者监事的报告；（五）审议批准公司的年度财务预算方案、决算方案；（六）审议批准公司的利润分配方案和弥补亏损方案；（七）对公司增加或者减少注册资本作出决议；（八）对发行公司债券作出决议；（九）对公司合并、分立、解散、清算或者变更公司形式作出决议；（十）修改公司章程；（十一）公司章程规定的其他职权。对前款所列事项股东以书面形式一致表示同意的，可以不召开股东会会议，直接作出决定，并由全体股东在决定文件上签名、盖章。

（3）公司章程关于召开股东会通知的规定。《公司法》第四十一条 召开股东会会议，应当于会议召开十五日前通知全体股东；但是，公司章程另有规定或者全体股东另有约定的除外。股东会应当对所议事项的决定作成会议记录，出席会议的股东应当在会议记录上签名。

（4）公司章程关于股东在股东会上不按出资比例行使表决权的规定。《公司法》第四十二条 股东会会议由股东按照出资比例行使表决权；但是，公司章程另有规定的除外。

（5）公司章程关于股东会的议事方式和表决程序做出不违背《公司法》的规定。《公司法》第四十三条 股东会的议事方式和表决程序，除本法有规定的外，由公司章程规定。股东会会议作出修改公司章程、增加或者减少注册资本的决议，以及公司合并、分立、解散或者变更公司形式的决议，必须经代表三分之二以上表决权的股东通过。

（6）公司章程对董事会法定职权范围之外的职权的规定。《公司法》第四十六条 董事会对股东会负责，行使下列职权：（一）召集股东会会议，并向股东会报告工作；（二）执行股东会的决议；（三）决定公司的经营计划和投资方案；（四）制订公司的年度财务预算方案、决算方案；（五）制订公司的利润分配方案和弥补亏损方案；（六）制订公司增加或者减少注册资本以及发行公司债券的方案；（七）制订公司合并、分立、解散或者变更公司形式的方案；（八）决定公司内部管理机构的设置；（九）决定聘任或者解聘公司经理及其报酬事项，并根据经理的提名决定聘任或者解聘公司副经理、财务负责人及其报酬事项；（十）制定公司的基本管理制度；（十一）公司章程规定的其他职权。

（7）公司章程对董事会的议事方式和表决程序作出不违背《公司法》的规定。《公司法》第四十八条 董事会的议事方式和表决程序，除本法有规定的外，由公司章程规定。董事会应当对所议事项的决定作成会议记录，出席会议的董事应当在会议记录上签名。董事会决议的表决，实行一人一票。

（8）公司章程对经理职权的规定。《公司法》第四十九条 有限责任公司可以设经理，由董事会决定聘任或者解聘。经理对董事会负责，行使下列职权：（一）主持公司的生产经营管理工作，组织实施董事会决议；（二）组织实施公司年度经营计划和投资方案；（三）拟订公司内部管理机构设置方案；（四）拟订公司的基本管理制度；（五）制定公司的具体规章；（六）提请聘任或者解聘公司副经理、财务负责人；（七）决定聘任或者解聘除应由董事会决定聘任或者解聘以外的负责管理人员；（八）董事会授予的其他职权。公司章程对经理职权另有规定的，从其规定。经理列席董事会会议。

（9）公司章程对监事会法定职权范围之外的职权的规定。《公司法》第五十三条 监事会、不设监事会的公司的监事行使下列职权：（一）检查公司财务；（二）对董事、高级管理人员执行公司职务的行为进行监督，对违反法律、行政法规、公司章程或者股东会决议的董事、高级管理人员提出罢免的建议；（三）当董事、高级管理人员的行为损害公司的利益时，要求董事、高级管理人员予以纠正；（四）提议召开临时股东会会议，在董事会不履行本法规定的召集和主持股东会会议职责时召集和主持股东会会议；（五）向股东会会议提出提案；（六）依照本法第一百五十一条的规定，对董事、高级管理人员提起诉讼；（七）公司章程规定的其他职权。

（10）公司章程对监事会的议事方式和表决程序作出不违背《公司法》的规定。《公司法》第五十五条 监事会每年度至少召开一次会议，监事可以提议召开临时监事会会议。监事会的议事方式和表决程序，除本法有规定的外，由公司章程规定。监事会决议应当经半数以上监事通过。监事会应当对所议事项的决定作成会议记录，出席会议的监事应当在会议记录上签名。

（11）公司章程对股权转让的规定。《公司法》第七十一条 有限责任公司的股东之间可以相互转让其全部或者部分股权。股东向股东以外的人转让股权，应当经其他股东过半数同意。股东应就其股权转让事项书面通知其他股东征求同意，其他股东自接到书面通知之日起满三十日未答复的，视为同意转让。其他股东半数以上不同意转让的，不同意的股东应当购买该转让的股权；不购买的，视为同意转让。经股东同意转让的股权，在同等条件下，其他股东有优先购买权。两个以上股东主张行使优先购买权的，协商确定各自的购买比例；协商不成的，按照转让时各自的出资比例行使优先购买权。公司章程对股权转让另有规定的，从其规定。

（12）公司章程对自然人股东死后继承问题的规定。《公司法》第七十五条 自然人股东死亡后，其合法继承人可以继承股东资格；但是，公司章程另有规定的除外。

（13）公司章程规定公司聘用、解聘承办公司审计业务的会计师事务所由股东会或者是董事会决定。《公司法》第一百六十九条 公司聘用、解聘承办公司审计业务的会计师事务所，依照公司章程的规定，由股东会、股东大会或者董事会决定。公司股东会、股东大会或者董事会就解聘会计师事务所进行表决时，应当允许会计师事务所陈述意见。

（14）公司章程对公司解散事由的规定。《公司法》第一百八十条 公司因下列原因解散：（一）公司章程规定的营业期限届满或者公司章程规定的其他解散事由出现；（二）股东会或者股东大会决议解散；（三）因公司合并或者分立需要解散；（四）依法被吊销营业执照、责令关闭或者被撤销；（五）人民法院依照本法第一百八十二条的规定予以解散。

（15）公司章程对公司中高级管理人员范围的规定。《公司法》第二百一十六条 本法下列用语的含义：（一）高级管理人员，是指公司的经理、副经理、财务负责人，上市公司董事会秘书和公司章程规定的其他人员。（二）控股股东，是指其出资额占有限责任公司资本总额百分之五十以上或者其持有的股份占股份有限公司股本总额百分之五十以上的股东；出资额或者持有股份的比例虽然不足百分之五十，但依其出资额或者持有的股份所享有的表决权已足以对股东会、股东大会的决议产生重大影响的股东。（三）实际控制人，是指虽不是公司的股东，但通过投资关系、协议或者其他安排，能够实际支配公司行为的人。（四）关联关系，是指公司控股股东、实际控制人、董事、监事、高级管理人员与其直接或者间接控制的企业之间的关系，以及可能导致公司利益转移的其他关系。但是，国家控股的企业之间不仅因为同受国家控股而具有关联关系。

二、公司章程可以自由发挥的地方

1. 法定代表人

（1）相关法律规定

《中华人民共和国民法总则》第六十一条规定，依照法律或者法人章程的规定，代表法人从事民事活动的负责人，为法人的法定代表人。

法定代表人以法人名义从事的民事活动，其法律后果由法人承受。

法人章程或者法人权力机构对法定代表人代表权的限制，不得对抗善意相对人。

《中华人民共和国民法总则》第八十一条 营利法人应当设执行机构。

执行机构行使召集权力机构会议，决定法人的经营计划和投资方案，决定法人内部管理机构的设置，以及法人章程规定的其他职权。

执行机构为董事会或者执行董事的，董事长、执行董事或者经理按照法人章程的规定担任法定代表人；未设董事会或者执行董事的，法人章程规定的主要负责人为其执行机构和法定代表人。

《公司法》第十三条规定，公司法定代表人依照公司章程的规定，由董事长、执行董事或者经理担任，并依法登记。

（2）实务分析

法定代表人是代表法人从事民事活动的负责人，一般情况法定代表人代表公司的一言一行均可被视为公司的言行，法定代表人以法人名义从事的民事活动，其法律后果由法人承担和负责。

按照公司法设定的公司治理架构来看，董事会或者执行董事是公司经营层面的最高决策机构，如果设立董事会，董事长就是董事会的组织者和代表人；经理（民间多称之为"总经理"）是公司经营的组织实施者、执行者，所谓经理不是一般民间称的"部门经理"。

法定代表人的重要意义在于：对外代表公司开展业务，可以通过印章使用、文件签署控制公司的重大经营活动。法定代表人以法人名义从事的民事活动，其法律后果由法人承担。即便法人章程或者法人权力机构对法定代表人代表权有一定的限制，但是也不得对抗善意相对人。法定代表人因执行职务造成他人损害的，由法人承担民事责任。法人承担民事责任后，才能依照法律或者法人章程的规定，可以向有过错的法定代表人追偿，但是否能够实际得到追偿还需具体情况而定。

如股权代持中经常会有代持人担任了公司的法定代表人，但是法定代表人又不在公司负责实际工作，这样如果出现问题公司可能还需要为他的一些行为"买单"。

例如：张某是 A 公司的实际控制人，但是张某不想出面，找到了隔壁王某代持股权，工商注册的时候也让王某担任了公司的执行董事、经理和法定代表人，但是实际上王某只是张某的司机，根本不在 A 公司负责执行董事、经理和法定代表人的具体工作。但是王某看着张某每天花天酒地，心生嫉妒，就萌生了一个想法"自己是公司的法定代表人，我去借点钱花花呗。"结果王某真的这样做了，以公司名义借了 500 万元，拿钱就走人了。结果到期债权人找到了 A 公司，要求该公司还款。A 公司认为自己没有花这笔钱不应该由公司还款，所以一直拒绝，最终法院判决由 A 公司承担责任。虽然 A 公司可以向王某进行追偿，但如果王某已经将款项挥霍，或携款潜逃，其追偿也只能停留在法律意义上了。

（3）律师建议

公司的法定代表人由谁担任，对于公司、股东来说是非常重要的，其关系到公司的经营以及公司的控制权。法定代表人是由公司决策层的代表人董事长或者执行董事担任，还是由执行层的经理担任，不是立法者能够明确、硬性规定的，这个需要股东们根据公司自身的特点以及股东之间的妥协情况来确定，立法者也恰恰是通过法律规定将权利交给了公司股东会。

由于公司的法定代表人能够对外代表公司，所以法定代表人的选任也关系到对公司的控制权及控制程度，股东对公司运营的参与、控制程度是每个股东十分重视也应该重视的问题。法定代表人的选任也涉及公司的经营、公司的法律责任以及公司的形象等，法定代表人的行为后果也会由公司承担；所以，一般股东在决定法定代表人的选任时，要考虑所选法定代表人的道德水平、业务能力等因素。

如何在董事长、执行董事、经理身上分配公司经营管理的掌控权，也需要股东综合考量。虽然从公司的内部地位上来看，董事长的地位高于经理，但公司的经营由经理具体负责组织实施，如果让其兼任了法定代表人，能够对外代表公司，经理的实际权力会大幅膨胀，很可能会架空董事会、董事长，从而存在损害公司或者个别股东利益的风险；如果当法定代表人的身份赋予董事长时，董事长的实际权力则会增大一些，与经营管理层之间也会有一定的制衡，但也可能会导致公司管理运行效力低、成本增加，还会引发一些争议，甚至会导致公司管理陷入僵局。

需要注意的是，有的公司在章程中写明了公司的法定代表人由谁（这里说的是自然人的名字）担任，这样的条款会在将来罢免法定代表人的时候出现障碍，因为罢免法定代表人不属于公司法规定的特别事项，不需要股东会有表决权的三分之二以上同意；但是如果写到章程中，罢免法定代表人的时候就需要同时变更章程，这样就由一般的事项提升到了特别事项这个地位了。此做法不是不建议用，而是建议灵活掌握，看制定章程的时候需要保护谁的利益。如果需要特殊保护创始人的利益不妨写入公司章程，如同有些事项写入宪法是一样的，上升了一个层次和地位。

之前我们就遇到了这样一个问题，张三、李四、王五三个人开办一家公司，其中张三占股40%、李四占股30%、王五也是30%，所以选举张三作为公司的执行董事和法定代表人，并写进了公司章程（章程里写明"张三担任公司的执行董事及法定代表人"）。后来张三的一些行为损害了李四和王五的利益，李四和王五商量着通过股东会罢免张三的执行董事职务和法定代表人的身份。

罢免执行董事没有问题，两个人的投票权超过了二分之一；一般情况改选法定代表人也没有问题，因为改选法定代表人也不是法律规定的需要经过三分之二以上表决的事项。但是罢免张三需要修改章程，因为公司章程中写明了"张三担任公司的执行董事及法定代表人"条款，罢免张三的执行董事及法定代表人身份，就需要经过三分之二以上同意了；然而张三却拥有了超过了三分之一的表决权，如果张三不同意，李四和王五两人是无法通过罢免决定的，这样形成了对张三的特殊保护。

2. 对外投资、对外担保

（1）法律规定

《公司法》第十六条规定，公司向其他企业投资或者为他人提供担保，依照公司章程的规定，由董事会或者股东会、股东大会决议；

公司章程对投资或者担保的总额及单项投资或者担保的数额有限额规定的，不得超过规定的限额。

（2）实务分析

从投资经济风险以及对公司或者资产的控制权等角度看，公司对外进行投资或者担保具有很大的风险。

从纯投资角度看，公司对外投资本身就是一种有风险的行为。如果投资失利，可能长期（几年）的投资难以回报，有的会面临亏损，严重的可能血本无归。

担保行为其实也是一种经济投资行为，风险比直接投资只大不小。因为担保是为了他人提供的担保行为，实际借款人所做的事情或者投资行为、经营行为担保人是不可控的或者说控制力是很小的，所以说风险只比自己直接投资大，不比直接投资小。

从公司的控制权角度看，公司将所拥有的资金投资给另外一个企业后其资金有可能是回不来的，因为投资入股的行为一般情况下是不允许撤股的，只能等待分红或者解散公司。如果投资后成了公司的大股东，实际控制了被投资公司情况可能会好一些；如果控制不了，被投资公司拥有了资金或者财产却不听从安排或者指挥，可能会出现不分红、任意挥霍资产等情形，从而严重影响公司及公司股东的权益。

风险虽然存在很多，似乎是建议投资、担保不要轻易交给董事会，由公司的股东会掌握这项权利。但是公司的事务繁杂，有的公司的投资行为可能很多，担保类的经济活动也会不少，那么因为一些小的投资行为、担保行为就要开股东会也会导致浪费股东的大量时间，造成资源的浪费。

有这样一个案例，A公司的章程没说对外投资由董事会或者股东会、股东大会决议决定，如果是投资入股一家公司并不需要向工商登记部门出具董事会或者股东会、股东大会的决议，但是大股东张某是董事长并担任法定代表人，他控制了董事会，张某在引入投资方后成为了小股东，但依然担任董事长并担任法定代表人。张某组织公司内部召开了董事会，决定将A公司的全部现金出资到一个B公司中，虽然其他股东反对，张某还是将A公司的全部现金出资到了B公司中，而B公司的大股东和实际控制人也是张某，最后导致A公司没有了经营资金，资金链断裂，陷入了破产的边缘，但是B公司却花着本属于A公司的资金，已经进行的投资，A公司也不能主张退股。

（3）律师建议

投资有风险，所以需谨慎。经济活动讲效率，所以要兼顾效率原则。因此在进行这类条款设计的时候还需要谨慎、综合考虑。每个公司都有不同的特点，有大有小，也不能仅仅按照投资或者担保的金额量化，需要综合考虑各种因素，如公司对外投资、担保的频率，公司的经营方向，投资的种类，为债务人提供担保时被担保人与公司的关系及被担保人的实力等因素。

建议公司根据自身特点制定一个比较细化的制度化决策机制，划分好董事会及股东会的权利。

3. 股东出资金额及期限

（1）法律规定

《公司法》第二十五条、二十六条规定，有限责任公司的注册资本为在公司登记机关登记的全体股东认缴的出资额；股东的出资方式、出资额和出资时间应在公司章程中载明。

（2）实务分析

以前采用实缴资本注册的时候，公司设立一定的期限内需要进行验资，实缴缴纳出资的期限一般不超过 2 年，投资公司也不会超过 5 年。在公司法修改以后有了较大变化，除了特殊的几个行业以外，公司股东可以自行约定出资的期限不在受以前的约束，现在彻底采取认缴资本制，股东的认缴出资额、出资时间，完全由股东自行在章程中进行约定，所以导致现在有的公司随随便便把注册资金定到了一个亿，出资期限 20 年。很多人为了气派、显示实力，随随便便提高了注册资本，但是却不知道给自己也增加了义务，虽然这个期限可以自由约定，但是股东还必须履行相应的义务：一是到了约定出资期限股东负有向公司缴足当期出资的义务，当该项义务未完成时，公司的债权人可向股东要求履行出资义务，用于偿还公司债务。现在实务操作中，即便没有到期，如果公司资产不足以清偿债权人的债权，法院一般也会要求股东在认缴出资额范围内承担连带责任；二是未履行当期出资义务的股东，应当向已按期足额缴纳出资的股东承担违约责任。

比如：以前多数公司存在投入注册资本并经过验资后再将资金抽逃出来，这样很可能会受到法律的制裁。

但是也有的会出现一些问题，例如公司设立的时候大家都是认缴出资，留的出资时间也特别长，都是 20 年。可公司运营是需要资金的，有的股东为了公司利益便进行了实缴，但是有的股东却说没有到出资期限，就是不出资，反而还要求按照认缴的出资比例进行分红，这样是对提前进行实缴出资股东的不公平，也容易产生纠纷。

有的则会因为期初都是认缴，有一些特殊原因就允许了部分小股东延期进行实缴，后期因为发生了纠纷或者利益冲突等因素大股东直接修改章程要求，要求近期进行股权的实缴出资，这样会给这些小股东造成资金压力，被迫导致出让股权，离开公司。

（3）律师建议

建议股东在创办企业的时候要根据项目的发展规划、资金使用计划、股东自身的资金筹划等因素，设定合理、可行的认缴出资额度及实际出资时间，不要盲目地做大注册资本；即便后期有需求也可以根据新的情况进行调整增资。但是你若随便填了一个天文数字之后就要履行这个义务了，减资可不像增资那么简单的。

建议可以将出资时间放长一些，这样股东投入的资金可以算作是对公司的借款，可以随时进行调度，而不涉及抽逃出资的问题。

对于有些例如拥有技术、劳务或者有其他特殊资源的人，在允许其延交出资时可以进行特别的约定，并另行签署一份股东合伙协议，因为章程只要拥有表决权的三分之二以上的股东同意就可以修改，但是合伙协议是不能单方修改的。

4．红利分配、增资认缴

（1）法律规定

《公司法》第三十四条规定，股东按照实缴的出资比例分取红利；公司新增资本时，股东有权优先按照实缴的出资比例认缴出资。

但是，全体股东约定不按照出资比例分取红利或者不按照出资比例优先认缴出资的除外。

第一百六十六条规定，公司弥补亏损和提取公积金后所余税后利润，有限责任公司依照本法第三十四条的规定分配；股份有限公司按照股东持有的股份比例分配，但股份有限公司章程规定不按持股比例分配的除外。

（2）实务分析

一般情况下合作都是按照出资比例分取公司的股权，但是在实务操作过程中经常会遇见有资金的未必有能力操作，实际操盘的经营管理团队又没有资金，如果仅仅按照出资比例经营管理团队可能就成了普通的打工者，会导致不愿意合作，所以法律给了指导性的意见，也允许股东之间协商处理此问题，可以在分红的时候不按照出资比例。股东要结合背景、能力、资源、诉求等方面的因素，在红利分配上做适当倾斜。

这也就给了"优先股"生长的土壤和营养，优先股就是部分股权持有人优先于普通股股东分配公司利润和剩余财产，但参与公司决策管理等权利受到限制。实际上，我国公司法并未明确设计优先股制度，目前国家层面也仅在开展优先股的试点工作，且限于特定的股份有限公司。但就有限责任公司而言，公司法允许股东对股东会议事规则自行约定，允许公司红利分配由股东约定，此规定实际上就是对有限责任公司的"优先股"制度的制定授权了。

如果是有限公司，可以设计成不按照出资比例进行分红。因为运营团队要付出多一些，需全身心投入到公司，经营管理团队可能会多分部分红利，但是投资金额未必比财务投资人多，所以可能会在分红上进行相应的区别。

现在很多时候是注册资本虚高，没有按照注册资本的出资比例投入资金，那么分红时可以按照实缴出资比例。但是有的时候又有特殊情况，可能会分红给一些具有特殊情况的股东（股权激励对象、有特定资源的人等），这些股东开始不进行实缴出资，公司的运营资金主要是大股东、财务投资人投入，因此也需要进行区别对待，可能会采用适用认缴出资的方式进行分配红利。

例如：A 公司有两个股东，一个是张某，有资金又懂得公司经营，另一个李某主要负责技术。他们两个的出资比例分别是 70%、30%，但是全部运营资金都是张某实际投入的，李某则主要负责技术。那么如果约定按照实缴出资比例分红，李某可能就会比较消极，因为干了活却拿不着分红，可能就无法促成张某和李某的合作。经过律师的建议最后约定按照认缴出资比例分红，李某在公司盈利以后可以分取部分利润，只是后期需要对认缴的出资部分进行实缴，并可以通过获得的分红再进行实缴出资。

该案例中的办法也是多数初创企业可以采用的，也是进行股权激励的时候可以采用的。

对于增资的问题，不必过多讨论了，其实跟公司新注册的时候的出资类似，参照理解就可以了。

（3）律师建议

既然法律给了我们这个权利，就要利用好，考虑好公司各个股东的角色，利用好分红权利、"优先股"等制度，实现公司的控制权、所有权、经营权相分离，实现马云、刘强东一样低股权却能控制公司的目的。

5. 股权转让的条件

（1）法律规定

《公司法》第七十一条规定，有限责任公司的股东之间可以相互转让其全部或者部分股权。

股东向股东以外的人转让股权，应当经其他股东过半数同意。股东应就其股权转让事项书面通知其他股东征求同意，其他股东自接到书面通知之日起满三十日未答复的，视为同意转让。

其他股东半数以上不同意转让的，不同意的股东应当购买该转让的股权；不购买的，视为同意转让。

经股东同意转让的股权，在同等条件下，其他股东有优先购买权。

两个以上股东主张行使优先购买权的，协商确定各自的购买比例；协商不成的，按照转让时各自的出资比例行使优先购买权。

公司章程对股权转让另有规定的，从其规定。

（2）实务分析

有限责任公司是人合属性很强的经济组织，股东之间基本上都是熟人，互相之间的信任是合作的基础。所以，在股东间转让股权时，因不会引入新的股东，故无须其他股东同意；但是如果需要引入新的股东时，就需要看其他人是否认可了，否则其他股东是有优先购买权来阻挡陌生人介入的。

有限公司有这样的限制（股份公司没有这样的限制），有利于保护公司的人和性，但是也会在小股东权益受到损害的时候无法及时退出。

案例：A 公司有两个股东：一个张某，占股 90%；一个李某占股 10%。公司经营基本上都是张某一个人说了算，李某根本就不能参与到公司经营中去，公司也基本上不分红，李某想转让公司股权，可不熟悉的人根本不会接手，熟悉的也怕进来跟李某一样，所以李某基本上就算是被"套牢"在这个公司里面了。

（3）律师建议

建议公司在制定章程的时候充分利用该法律规定，制定符合本公司的制度和条款，综合考虑各种问题。需要对离婚配偶是否为新股东，继承人是否为新股东等进行明确；引入新的投资者的条件和决策；是否要制定"土豆条款"；是否需要再引入纯投资方时有特别的表决方式和程序等。

也可以约定在某些情况可以对外转让，并且可以自由转让，不受其他股东的限制，但是这些情况必须明确进行列举和约定。

6. 股东会职权、召集程序、表决权、议事方式、表决程序

（1）法律规定

《公司法》第三十七条规定，股东会行使下列职权：

（一）决定公司的经营方针和投资计划；

（二）选举和更换非由职工代表担任的董事、监事，决定有关董事、监事的报酬事项；

（三）审议批准董事会的报告；

（四）审议批准监事会或者监事的报告；

（五）审议批准公司的年度财务预算方案、决算方案；

（六）审议批准公司的利润分配方案和弥补亏损方案；

（七）对公司增加或者减少注册资本作出决议；

（八）对发行公司债券作出决议；

（九）对公司合并、分立、解散、清算或者变更公司形式作出决议；

（十）修改公司章程；

（十一）公司章程规定的其他职权。

对前款所列事项股东以书面形式一致表示同意的，可以不召开股东会会议，直接作出决定，并由全体股东在决定文件上签名、盖章。

股东会召集程序：《公司法》第四十一条规定，召开股东会会议，应当于会议召开十五日前通知全体股东；但是，公司章程另有规定或者全体股东另有约定的除外。

股东表决权：《公司法》第四十二条规定，股东会会议由股东按照出资比例行使表决权；但是，公司章程另有规定的除外。

议事方式和表决程序：《公司法》第四十三条规定，股东会的议事方式和表决程序，除本法有规定的外，由公司章程规定。

股东会会议作出修改公司章程、增加或者减少注册资本的决议，以及公司合并、分立、解散或者变更公司形式的决议，必须经代表三分之二以上表决权的股东通过。

（2）实务分析

《公司法》规定了十项必须由股东会行使的职权；也规定了股东会会议作出修改公司章程、增加或者减少注册资本的决议，以及公司合并、分立、解散或者变更公司形式的决议，必须经代表三分之二以上表决权的股东通过。

除此之外，在股东会职权的增设、股东会召集程序、股东表决权、议事方式和表决程序等方面均充分允许股东自行约定并在章程中载明。

公司法里面仅仅约定了一些特殊事项必须经代表三分之二以上表决权的股东通过，但是没有规定非特殊事项需要多少，是少数服从多数吗？是二分之一以上吗？如果是，那么是全体的二分之一还是出席会议的二分之一？弃权的需要统计在基准人数里面吗？

上述问题给了股东自行决定的权力，也符合商事活动的原则。国家不过分干涉，给予商事主体自主决定的权利，根据自身的情况设定各种权利的范围、程序等。给"优先股""一票否决制度"提供了可操作的空间。

由于大股东控制公司，小股东的意见要想向股东会反映必须由大股东控制的董事长或者执行董事予以安排，董事长或者执行董事一般会听从大股东的意见，为了防止小股东反映情况便不召集会议，会很容易引发纠纷，损害小股东利益。

还有的时候有的股东、董事失联，找不到人，无法召开会议，所以需要明确各种通知方式；并应明确无法联系到本人的处理方式，或者说是视为送达的方式。

之前就遇到过这样一个案例：一个公司的大股东失联，无法取得联系，但是该公司名下有一块土地，正好赶上该地房地产形势升值厉害，小股东准备进行开发，可无法联系大股东，也无法召开股东会，更无法进行股东会表决。可如果再过段时间可能地产形势不好，大股东即便回来，公司也将受到严重损失。

还有的公司股东之间闹矛盾，大股东想召开股东会，可是其他股东就是不来，也不接电话，无法确认是否已经送达开会的通知，导致很多争议和麻烦。这类案件太多，就不一一列举了。

（3）律师建议

建议公司在制定公司章程的时候可以充分利用这点，从而达到兼顾各方利益，合理制定各种制度，再引入新的投资者的时候慎用一票否决权。

也要对股东会其他股东在不到会的情况下，超过多少股东或者多少表决权以上的股东参加的会议视为有效，并且明确达到多少比例才算有效。

对于股东会召开的情况，建议规定一个最低人数或者股东比例，并且要求不是必须全体的二分之一，而是进行表决的少数服从多数，并且尽量有一个最低的表决权的限制。

同时在做股东会通知方式的时候最好写明通知的方式，但是不建议将股东的联系方式写明到公司的章程里面，否则每次变更电话或者通信地址都需要变更章程也会很麻烦。建议只是写明参照存备在公司的通讯录为准即可，并约定好变更的方式。

7. 董事的任期，董事长、副董事长的产生

（1）法律规定

根据《公司法》第三十七条（略）、第四十四条规定，有限责任公司设董事会，其成员为三人至十三人；但是，本法第五十条另有规定的除外。

两个以上的国有企业或者两个以上的其他国有投资主体投资设立的有限责任公司，其董事会成员中应当有公司职工代表；其他有限责任公司董事会成员中可以有公司职工代表。董事会中的职工代表由公司职工通过职工代表大会、职工大会或者其他形式民主选举产生。

董事会设董事长一人，可以设副董事长。董事长、副董事长的产生办法由公司章程规定。

第四十五条规定，董事任期由公司章程规定，但每届任期不得超过三年。董事任期届满，连选可以连任。

董事任期届满未及时改选，或者董事在任期内辞职导致董事会成员低于法定人数的，在改选出的董事就任前，原董事仍应当依照法律、行政法规和公司章程的规定，履行董事职务。

（2）实务分析

董事的任期可由公司章程规定，每届最长不得超过3年，但董事可连选连任。

董事长、副董事长的选举由公司章程规定，可规定由全体董事选举产生，也可约定由股东会选定，甚至还可以规定由某个或某些股东推荐或者委派的人员担任；对于控制董事会、甚至公司的整体控制权的平衡，就有了可以操作的空间。

同时，副董事长职位可设可不设，可以设1人也可设多人。

实务中，对董事长、副董事长的选任，往往体现了股东之间的公司控制权之争，也起到了对主要人员的平衡。

副董事长职位可能成为摆设，多数会成为一种荣誉，当然也可能通过制度设计使2～3名副董事长对董事长形成有效制约，还有可能由副董事长联合其他董事架空董事长。

（3）操作建议

公司法对董事长、副董事长的产生无明确的规定，所以可以在公司章程中明确董事长、副董事长的产生办法，这样有利于加强对公司控制权，也有利于平衡各方利益。

8. 董事会职权、董事会的议事方式和表决程序

（1）法律规定

根据《公司法》第四十六条规定，董事会对股东会负责，行使下列职权：

（一）召集股东会会议，并向股东会报告工作；

（二）执行股东会的决议；

（三）决定公司的经营计划和投资方案；

（四）制订公司的年度财务预算方案、决算方案；

（五）制订公司的利润分配方案和弥补亏损方案；

（六）制订公司增加或者减少注册资本以及发行公司债券的方案；

（七）制订公司合并、分立、解散或者变更公司形式的方案；

（八）决定公司内部管理机构的设置；

（九）决定聘任或者解聘公司经理及其报酬事项，并根据经理的提名决定聘任或者解聘公司副经理、财务负责人及其报酬事项；

（十）制定公司的基本管理制度；

（十一）公司章程规定的其他职权。

第四十八条规定，董事会的议事方式和表决程序，除本法有规定的外，由公司章程规定。

董事会应当对所议事项的决定作成会议记录，出席会议的董事应当在会议记录上签名。

董事会决议的表决，实行一人一票。

（2）实务分析

董事会是公司经营管理层面的决策机构，所以说董事会具有哪些权利，也将影响公司的经营。有的董事会会替代股东会，有的却如同虚设。公司章程可以在董事会的法定十项职权外，扩充董事会的职权；也可以对董事会职权进行限制，最终通过公司章程来确定董事会的职权。

董事会职权的扩充体现了股东会对董事会的授权；对董事会决策事项的限制，体现了股东对风险控制的谨慎态度。当将本应由经营层的经理决策的内容一部分升格至董事会讨论决定时，则更是体现了公司经营的谨慎态度。充分授权可以提高工作效率，但是可能会出现漏洞和风险；过度限制可能会降低效率、增加成本，打击董事会、经营层的积极性。

关于董事会的案例也不必赘述，多数也是通知和表决的问题。

（3）律师建议

建议对董事会的职权可作出更加具体、量化的规定。董事会的议事方式和表决程序应在公司章程中明确，否则将出现无法可依也无据可依的情况。董事的表决权原则上为一人一票，但是如果出现僵局，出席的董事为偶数的时候董事长是否可以有最后的表决权，比平时多一票，也是可以探讨和研究的问题。

9. 执行董事的职权

（1）法律规定

《公司法》第五十条规定，股东人数较少或者规模较小的有限责任公司，可以设一名执行董事，不设董事会。执行董事可以兼任公司经理。

执行董事的职权由公司章程规定。

（2）实务分析

关于执行董事的设立关系到公司的控制权和公司的决策机制问题，因为执行董事有时会是董事长及董事会的合二为一，他就具有了整个董事会的权利了，这样有利于执行董事对公司的控制；有的还兼任了公司的经理及法定代表人，这样有利于公司快速发展，快速做出决策；但是这样也会导致公司过度集权，可能会出现腐败等问题。

（3）律师建议

根据公司的规模和股东结构可以决定设立董事会还是执行董事，并且可以通过公司章程明确执行董事的职权。董事会的职权可以部分归入公司股东会，部分授权给执行董事，这样有利于监督和效率兼顾。

如是家族公司或是夫妻店类型，建议直接设一个执行董事，不然你的董事会成员都不好凑数。股东结构多的且都不在一个地区的建议设立董事会，作为非特大事务处理的机构，在不是必须召开股东会的情况下可以通过董事会进行处理。董事会成员构成其实也是股东之间利益平衡的体现，这样有利于股东之间的平衡以及提高一些办事效率。

10. 监事会职工代表比例、监事会职权扩充

（1）法律规定

《公司法》第五十一条规定，有限责任公司设监事会，其成员不得少于三人。股东人数较少或者规模较小的有限责任公司，可以设一至二名监事，不设监事会。

监事会应当包括股东代表和适当比例的公司职工代表，其中职工代表的比例不得低于三分之一，具体比例由公司章程规定。监事会中的职工代表由公司职工通过职工代表大会、职工大会或者其他形式民主选举产生。

监事会设主席一人，由全体监事过半数选举产生。监事会主席召集和主持监事会会议；监事会主席不能履行职务或者不履行职务的，由半数以上监事共同推举一名监事召集和主持监事会会议。

董事、高级管理人员不得兼任监事。

（2）实务分析

实质上监事会的设立和监事的数量及产生办法都与董事会类似，也是股东之间最终平衡的结果。

监事会的设立、监事人数的分配有时候也是公司股东之间控制权的平衡，是对公司健康发展的考虑，很多时候监事会尤其是职工监事及小股东代表的监事对公司的健康发展起到了促进作用，有利于对公司小股东、员工利益的保护以及公司合法经营的监督。

（3）律师建议

可以综合考虑公司的股东结构、公司的规模决定监事会的设立以及监事人数，也可以约定先期不设监事会，后期根据发展另行决定。

11. 经理的职权

（1）法律规定

《公司法》第四十九条规定，有限责任公司可以设经理，由董事会决定聘任或者解聘。经理对董事会负责，行使下列职权：

（一）主持公司的生产经营管理工作，组织实施董事会决议；

（二）组织实施公司年度经营计划和投资方案；

（三）拟订公司内部管理机构设置方案；

（四）拟订公司的基本管理制度；

（五）制定公司的具体规章；

（六）提请聘任或者解聘公司副经理、财务负责人；

（七）决定聘任或者解聘除应由董事会决定聘任或者解聘以外的负责管理人员；

（八）董事会授予的其他职权。

公司章程对经理职权另有规定的，从其规定。

经理列席董事会会议。

（2）实务分析

公司法中"另有规定的，从其规定"，也就是公司章程对经理职权另有规定的，从其规定。

那么公司就可以通过公司章程对经理的职权做出规定。在不同的公司当中经理的职权可大可小，有的可能会成为公司控制权的绝对关键人物，实际权利比董事长还大；有的则处处受限，凡事都需要经过董事会批准才行。

比如，有个我服务过的 A 公司，其大股东不怎么负责具体业务，由聘任的经理负责公司具体的经营，包括公司的融资等事项，最后公司被这个经理折腾得破产了，在我写这个案例的时候已经进入了破产程序，因为这个经理经常做一些比较隐秘的管理交易，转移了公司的资产，公司大量亏空，资金链断裂，自己却损公肥私。

（3）律师建议

对于公司经理的职权本没有优劣之分，只能根据不同的公司进行个性化的设计，有的需要注重效率，有的侧重考虑分权、要求稳定，各有需求不同，所以我们再设计经理职权的时候也要综合考虑各种因素。

12. 股东资格的继承

（1）法律规定

《公司法》第七十五条规定，自然人股东死亡后，其合法继承人可以继承股东资格；但是，公司章程另有规定的除外。

（2）实务分析

一般来说股权具有财产属性，既然具有财产属性，股东死亡后，其继承人当然可以继承其财产属性的部分。但是股权又具有了其他的因素在里面，尤其是有限公司，主要是股东经营具有较强的人合属性，股权就具有了社团属性，所以在是否允许股东的继承人继承该股权，最终是由公司的章程决定。

因为自然人死亡后，其配偶、父母、子女为第一顺序继承人，可能还会存在第二顺序继承人直接继承的问题，这些继承人人数可能很多，但可能因为年龄、阅历、精力等因素不适合作为该公司的股东；如果股东资格由其继承，股东人数迅速增加，且每个继承人的经营理念可能差异较大，会导致经营决策、公司治理上的不顺，甚至形成公司治理僵局。

现在很多"富二代"被送往了国外，如果取得了国外身份也是一种麻烦，公司性质将因股东"外国人"的身份发生变更，股权变更的审批、公司的经营范围、业务开展等均可能受到影响。

还有可能是股东之间是比较熟悉的合作伙伴，但是继承人中含有竞争对手，所以让其继承会对本公司不利。

（3）律师建议

综上分析，股东们在起草公司章程的时候要特别注意上述问题。建议可以先限制继承，但是可以根据市场标准或者拟定一个财务标准对继承人的财产权利进行保障，在适当的情况下可以特殊处理，经过股东会达到一定比例通过即可。

13. 公司解散

（1）法律规定

《公司法》第一百八十条规定，公司因下列原因解散：

（一）公司章程规定的营业期限届满或者公司章程规定的其他解散事由出现；

（二）股东会或者股东大会决议解散；

（三）因公司合并或者分立需要解散；

（四）依法被吊销营业执照、责令关闭或者被撤销；

（五）人民法院依照本法第一百八十二条的规定予以解散。

第一百八十二条 公司经营管理发生严重困难，继续存续会使股东利益受到重大损失，通过其他途径不能解决的，持有公司全部股东表决权百分之十以上的股东，可以请求人民法院解散公司。

（2）实务分析

除了法律规定的情形外，股东还可以自行约定解散公司的事宜。解散公司的事宜一般可以分为事前提前设定条件和事后达成合意两种。但是如果是股东之间存在矛盾，个别小股东权益受到损害的时候想利用达成合意解散公司的可能性就非常小了。因为，那个时候根本达不成合意，这就会导致小股东被套牢在这个公司里面，还不像股市那样"止损"。因为此类股权一般没人购买，股东又不允许退股，又不能解散公司，再去通过诉讼等其他的途径不确定性很大，还非常浪费时间和精力。

（3）律师建议

建议股东在设立之初就要设定好解散公司的情形，比如亏损达到的程度、赚钱赚到多少等都可以，赚够了可以不干了，去退休；亏损多了可以止损，还可以设定其他认为有必要的情形，比如说股东达到多少岁等。

14. 有限责任公司的财务会计报告送达时间

（1）法律规定

《公司法》第一百六十五条规定，有限责任公司应当依照公司章程规定的期限将财务会计报告送交各股东。

（2）实务分析

该条款赋予了公司章程可以自主约定有限责任公司将财务会计报告送达股东的时间，投资者在投资前应关注该条款。

（3）律师建议

公司可以根据公司规模、股东人数等情况综合考虑确定送达报告的时间。

15. 股份公司董、监、高股份转让

（1）法律规定

第一百四十一条规定，公司董事、监事、高级管理人员应当向公司申报所持有的本公司的股份及其变动情况，在任职期间每年转让的股份不得超过其所持有本公司股份总数的百分之二十五；所持本公司股份自公司股票上市交易之日起一年内不得转让。上述人员离职后半年内，不得转让其所持有的本公司股份。公司章程可以对公司董事、监事、高级管理人员转让其所持有的本公司股份作出其他限制性规定。

（2）实务分析

该条款赋予了公司章程可以自主约定公司董事、监事、高级管理人员股份转让的权利，公司章程可以在公司法规定的基础上作出其他限制性规定。

很多时候对这些公司董事、监事、高级管理人员股份转让权利的限制主要是为了绑定这些人，不要让这些人轻易套现走人，让他们与公司共同进退。当然实务中也不能限制条件过于严格，否则大家也不要这份股权了，也就起不到绑定的作用，在股权激励的方案中也起不到激励的作用。

（3）律师建议

法律给予了这样的规定，就有利于公司制定股权激励政策，将人才与公司绑定，限制套现走人现象的大量出现，有利于实现公司的人才计划，有利于公司的人才稳定，有利于公司刚上市后的平稳发展，公司的长远发展计划也能够得以落实。

16. 股份公司聘用会计师事务所

（1）法律规定

《公司法》第一百六十九条规定，公司聘用、解聘承办公司审计业务的会计师事务所，依照公司章程的规定，由股东会、股东大会或者董事会决定。

（2）实务分析

该条款赋予了公司章程可以自主约定股份公司聘用会计师事务所的权利，其实也是股东会、董事会职权划分的特殊条款，因为股份公司对于财务要求严格，所以选择什么样的会计师事务所应单独进行说明。

（3）律师建议

建议根据公司规模和股东人数进行综合判断。

第八章

股权激励中涉及的控制权及股权比例的问题

本章主要内容包括：

➤ 绝对控制线——100%

➤ 一般认为的绝对控制权——67%

➤ 相对控制权比例——51%

➤ 大事否决权——34%

➤ 上市公司要约收购线——30%

➤ 重大同业竞争警示线——20%

➤ 临时会议召集权——10%

➤ 重大股权变动警示线——5%

➤ 临时提案权——3%

➤ 代位诉讼权——1%

进行股权激励额时候，一般会考虑这样一个问题，即股权激励的股权的来源在哪？创始人或者大股东的股权肯定会被转让一部分出去或者因为增资而被稀释。那么稀释股权之后如何保证对公司的控制权呢？稀释后占有多大比例的股权合适，占多少才能有控制权，占多少才能不被欺负，才能保障大股东的权利？

其他的一些所谓的专家故意搞出来一些名词，类似于什么"股权九条生命线"的说法，这个对于未经过系统学习公司法的企业家们会搞得一头雾水，好多人盲目地学习；很多人并不知道这些生命线对于有限公司与股份有限公司，上市公司与挂牌公司、普通公司的区别，以至于产生误解，对做股权激励方案也就造成了不必要的困扰。本章介绍一些持股比例以及股权权利的问题，让大家知其然，也知其所以然。

一、绝对控制线——100%

有人说公司的绝对控制线不是 67% 吗？持有公司股权的三分之二以上就可以对公司的全部重大事项进行表决了啊。

股东会会议作出修改公司章程、增加或者减少注册资本的决议，以及公司合并、分立、解散或者变更公司形式的决议，必须经代表三分之二以上表决权的股东通过。不就是说只要达到三分之二就可以了吗？

一般是这样的，但是现实中存在着个别的问题。我处理的一些案件中就遇到了类似的个别情况，因为公司法规定了公司章程另有规定的除外。比如说一个公司刚成立的时，有的时候就会为了达成一个目的进行一定的让步，其案例如下：

李雷要开办一家网络科技公司，但是自己不懂技术，就找到了自己的高中同学韩美美。韩美美在一家大型网络科技公司做技术主管，李雷把韩美美挖过来一起创业，条件是韩美美如果加入，后期根据韩美美的工作情况以及公司的业绩，可以通过股权激励的方式给韩美美 10% 的股权。但是，韩美美担心 10% 股权根本没有话语权，怕公司做大了被欺负，就提出来："股东会会议如果要作出修改公司章程、增加或者减少注册资本的决议以及公司合并、分立、解散或者变更公司形式的决议，必须经全体股东同意才能通过。"并将此款写入了公司章程。

后来韩美美如期得到了 10% 的股权。公司又根据经营需要引入资本方进入，但是韩美美不同意，并说如果用高价收了自己的股权就同意。李雷认为自己持有了公司的 90% 的股权就可以做出决定，并到工商管理机关询问，工商部门经过审查公司章程后发现存在上述的约定，表示不能给李雷办理资本引入手续。

公司不融资就导致资金紧张，如果高价收购韩美美的股权，又极不合理，李雷的这家网络科技公司陷入了僵局。

通过上述案例可知，对公司的控制权要掌控，不是简单地说达到三分之二或者说是 67% 就行了，我认为就是需要 100% 持股。然而这样的公司又容易成为一人公司，一人公司的风险比较多，经营中负担了更多的责任，一不小心股东就要承担连带责任。

所以，做到 100% 持股，也要做一定的规划才行。股权激励中一般小型公司会采用股权代持的方式进行，比如说夫妻双方持股，两人共计持股 100%，让真实参与经营的一方持股 90%，另外一部分用于股权激励的 10% 股权可以由配偶代持。又有人说没有配偶或者担心离婚率太高的问题，可以让自己的父母代持部分。如果还担心兄弟姐妹或者其他人会在父母百年后争夺遗产的问题，那么除了股权代持，我们还可以适当设计的复杂一点又相对安全一些的方式，比如可以通过先设立一家仅仅持股不做实际经营的 A 有限合伙企业作为持股平台，然后再用这家 A 有限合伙企业作为股权代持的平台企业，代持激励对象的股权或者是激励对象入股到 A 有限合伙企业，A 有限合伙企业再入股到实际经营的公司，这个 A 有限合伙企业的执行事务合伙人由实际经营公司的创始人、大股东或者他们信得过的人担任，如此这家实际经营的公司就是百分之百掌握在创始人或者大股东手里了。他们能相对百分之百地掌握了公司的控制权或者说是表决权了，激励对象又能按照股权激励方案获得分红、股权增值、剩余财产分配等权利。也就不用担心公司因为是一人公司容易被认定为公司与股东存在人格混同，或者轻易承担连带责任的问题了。

二、一般认为的绝对控制权——67%

由于做股权激励的时候可能会涉及对内的激励、对外的激励，有的还可能会和股权改制一起进行，还可能会引入一部分外部资本进入。对于大的资金进入或者引入特殊高端人才、渠道商时，是不认可股权代持或者持股平台方式的，他们可能需要直接持股。那么，直接持股需要多大的比例？创始人、大股东通过直接或者间接持股需要保留到多少的比例才能保证公司的控制权？需要思考一下。

一般来说，一些重大事项如公司的股本变化，公司的增减资，修改公司章程、分立、合并、变更主营项目等重大决策，得到三分之二以上票数支持就行的。

因为，根据《中华人民共和国公司法》第四十三条第二款，股东会会议作出修改公司章程、增加或者减少注册资本的决议以及公司合并、分立、解散或者变更公司形式的决议，必须经代表三分之二以上表决权的股东通过。第一百零三条第二款，股东大会作出修改公司章程、增加或者减少注册资本的决议以及公司合并、分立、解散或者变更公司形式的决议，必须经出席会议的股东所持表决权的三分之二以上通过。

所以说，一般的情况下，股东之间没有特殊的约定，仅仅采用公司登记机关给的标准化章程或者直接从网上下载的章程，公司的绝对控制权达到三分之二以上即可，三分之二以上就是 66.66%，一般也就说成了 67%。这里的绝对控制既适用于有限责任公司的股东会，也适用于股份有限公司的股东大会。二者相比较而言，股东大会要求的是出席会议的三分之二以上表决权通过，并不要求股份有限公司的股东一定要占比三分之二以上。

前述绝对控制权讲的是一般情况下。依据《公司法》第四十二条，公司章程可以约定股东会是否按照出资比例行使表决权，是以认缴的出资比例还是实缴的出资比例行使表决权。

如果约定不以出资比例行使表决权，或者有的实缴了出资有的没有实缴出资，而约定的是按照实缴出资比例行使表决权，那么表决权就由实缴的这个股东掌控了；还有就是有的实缴了，但是约定的是按照认缴的出资比例行使表决权，这样对实缴的股东是否公平也需要进行综合考量了；另有公司章程中对几种特殊情况的特别约定，要求全体股东一致同意的情况，67% 的绝对控制线也就失去了相应的意义。

举例：

李雷开办了一家贸易公司，注册资本为 100 万元，李雷认缴出资 100 万；经过股权激励后李雷认缴出资 70 万，持股比例为 70%，韩美美等管理层成为股东，认缴出资 30 万元，持股比例为 30%，公司整体注册资本为 100 万元。

如果这个公司章程仅仅约定按照出资比例行使表决权，那么一般情况下李雷个人就可以决定公司的大小事务了，就连公司的增减资，修改公司章程、分立、合并、变更主营项目等重大决策都可以单独决定了。

如果公司章程约定按照实缴出资比例行使表决权，李雷仅仅实缴了 5 万元，韩美美实缴了 30 万元，那么韩美美持有的实缴出资比例达到了三分之二以上，如此，虽然表面上看李雷是大股东，但是实际上韩美美依据实缴出资的情况，个人就可以决定公司的大小事务，就连公司的增减资，修改公司章程、分立、合并、变更主营项目等重大决策都可以单独决定了。

如果李雷和韩美美对公司的章程有特别约定，约定公司的增减资，修改公司章程、分立、合并、变更主营项目等重大决策需要经过全体股东一致同意，就必须征得他俩人的一致同意，不能仅仅依照出资比例。

如果李雷和韩美美对公司的表决权有特殊约定，比如参照 AB 股制度，将公司的股权和注册资本虚拟化为 100 股，韩美美持有的股权一股有 10 票的表决权，李雷的一股只有 1 票，那么李雷仅仅有 70 票，韩美美则拥有 $30 \times 10 = 300$ 票，依照这个制度，韩美美个人就可以决定公司的大小事务了，就连公司的增减资，修改公司章程、分立、合并、变更主营项目等重大决策都可以单独决定了。

可能还有其他的特殊约定，这里就列举这几个给大家参考，希望给大家以启发，合理运用，规避风险。

三、相对控制权比例——51%

一般人的理解，公司需要股东会决定的简单事项，例如审议董事会的决议、方案，聘请独立董事，选举董事、董事长，聘请审议机构，聘请会计师事务所，聘请/解聘总经理等，除了股东另有约定外，主要是《中华人民共和国公司法》第四十三条第二款规定的，股东会会议作出修改公司章程、增加或者减少注册资本的决议，以及公司合并、分立、解散或者变更公司形式的决议，必须经代表三分之二以上表决权的股东通过。以及第一百零三条第二款规定：股东大会作出修改公司章程、增加或者减少注册资本的决议，以及公司合并、分立、解散或者变更公司形式的决议，必须经出席会议的股东所持表决权的三分之二以上通过。除上述以外的归股东会权利范围内的事项，经过有表决权的股东一半以上通过即可，也不是完全意义上的51%，只要是超过50%就行，但是一般说成了51%。

所以有的公司创始人或者大股东认为只要自己的持股比例达到51%以上就可以了；但是如果在引入资本方或者高技术人才进入的时候他们就要求修改公司章程，很多创始人就由着这些中层或者董事会的人员自行拟定，因为股权激励主要是激励实际干活的人，也就是让这些高技术人才自己去拟定股权激励方案，起草相关的法律文书，但是他们在拟定这些法律文书中会趋利避害地为自己着想，拟定一些有利于自己的条款。适当公平的条款我认为是有必要的，但是必须在信息对等、大家对条款有明确了解的情况下进行。

首先，进行一下特别提示：因为《中华人民共和国公司法》第一百零三条第二款规定，股东大会作出决议，必须经出席会议的股东所持表决权过半数通过。对于有限公司没有明确的说明，一般实践中也是参照少数服从多数的原则，所以说有限公司也都是对于非重大事项只要有过半数的表决就可以了。

恰恰由于公司法仅有股份有限公司中的过半数表决条款。换言之，对于有限责任公司而言，公司法并未明确规定股东会普通决议的程序，而是让股东们自行通过章程确定。这里就可以很好的运用一下这个规定了。

有限责任公司在自由约定时务必把握好"过半数"与"半数以上""二分之一以上"的区别，过半数不包含50%，而后两者包含50%。公司章程中必须避免出现"半数以上""二分之一以上"的约定，否则可能造成出现股东会决议矛盾。

同时，自由约定时还需明确说明是"股东人数过半数"还是"股东所持表决权过半数"，两种不同的情形无须过多解释。

当然，除了按照人数或者持股数以外，也可以采用按照其他的表决方式进行，例如有的会采取AB股制度、优先股制度、合伙人制度等方式。

举例：

李雷开办了一家贸易公司，注册资本为 100 万元，李雷认缴出资 100 万；经过股权激励后李雷认缴出资 51 万元，持股比例为 51%，韩美美等人的认缴出资 49 万元，持股比例为 49%，公司整体注册资本为 100 万元。

如果公司章程仅仅约定按照出资比例行使表决权，那么一般情况下李雷个人就可以决定公司除了修改公司章程、增加或者减少注册资本的决议，以及公司合并、分立、解散或者变更公司形式的决议以外的全部事项。

比如说，公司需要选举董事，董事选举没有特别的约定，李雷就能决定董事是否能够当选，通过任命董事，也就能够控制董事会，进而又能聘任公司的经理以及公司的其他管理人员了。不仅如此，如果公司赢利了，是否进行利润分配以及如何分配，也基本上是由李雷单方决定的；以及大额合同的签署、资产的处置等李雷均可自行决定。也就相当于实际上控制公司了，但是对于通过增资的方式引入第三方就是无权单方面决定的，就需要征得韩美美等人的同意了。

如果李雷和韩美美等人对公司的表决权有特别约定，比如参照 AB 股制度，将公司的股权和注册资本拟化为 100 股，韩美美等人持有的股权一股有 10 票的表决权，李雷的一股只有 1 票，那么李雷仅仅有 51 票，韩美美等人则拥有 $49 \times 10 = 490$ 票，依照此制度，韩美美等人就可以决定公司的董事选举、利润分配等一般性事务，就连公司的增减资，修改公司章程、分立、合并、变更主营项目等重大决策都可以单独决定了。

四、大事否决权——34%

一般来说，一些重大事项如公司的股本变化，关于公司的增减资，修改公司章程、分立、合并、变更主营项目等重大决策，得到三分之二以上票数支持就有效。相反，如果要使别人没有权利去单独对公司的增减资，修改公司章程、分立、合并、变更主营项目等重大事项进行决策，自己控制的表决权就需要达到三分之一以上，换算成百分比就是 33.33%，也就是通常所说的 34%。掌握了 34% 以上的表决权，也就掌握了底线，防止在大的事项、方向上的冲突，也就是说拥有了 34% 的表决权也就具有了一票否决权。

也可以这么理解，三分之二以上表决权可以规定关于公司生死存亡的事宜，如果其中一个股东持有超过三分之一的股权，那么另一方就无法达到三分之二以上表决权，关于公司生死存亡的事宜就无法通过，这样也就形成了大事的一票否决权，是控制了企业的生命线，因而表述为安全控制权。

对于这样的持股比例，一般都是公司上市一段时间之后，公司的股权机构比较分散、流通股比较多，公司管理层比较成熟后创始人或者大股东可能逐渐减低持股比例形成的。

一些人说无论是做股权激励还是做其他的融资等方式改变股权机构，只要是创始人或者大股东掌握了这个"生命线"就可以了。但是，笔者认为这样并不能控制生命线，并非绝对安全，仅仅是相对安全。所谓一票否决只是相对于生死存亡的事宜，对其他仅需过半数以上通过的事宜，无法否决；如果对方达到了二分之一以上完全是可以通过一些隐性的手段损害其他股东，或者作出一些有利于自己不利于其他股东的行为。另外，有些事项根本不上股东会，只要控制了董事会或者经营层就可以做到的。

举例：

李雷开办了一家贸易公司，注册资本为 100 万元，李雷认缴出资 100 万；经过股改、引入资本方以及股权激励后李雷认缴出资 340 万，持股比例为 34%。韩美美等公司高管作为激励对象认缴出资 300 万元，持股比例为 30%，引入了两个私募公司，私募公司分别认缴出资为 220 万、140 万，持股比例分别为 22%、14%，公司整体注册资本为 1000 万元。

这时候，如果李雷考虑不周全，虽然李雷是最大的股东，但是一旦高管层"反水"，与其中一个私募公司联合持股比例就可以达到 52%，这样就可以通过一些人事任免等方式控制公司，有可能通过交易、投资、借贷等方式损害公司利益，最终损害了大股东利益。

所以，创始人、大股东在稀释自己股权的时候一定要慎重考虑，待公司发展成熟后，自行运转比较正常的时候再实施。同时在实施的时候也要做好规划，防止让一两个股东联合后能够损害自己利益，更要选好管理团队，选好股权激励中持股平台的执行人，不要引狼入室。

五、上市公司要约收购线——30%

很多公司进行股权激励都是为了上市做准备，激励对象除了分红权利以外，更多的是看中公司上市以后的股权增值。

《中华人民共和国证券法》第八十八条第一款规定，通过证券交易所的证券交易，投资者持有或者通过协议、其他安排与他人共同持有一个上市公司已发行的股份达到百分之三十时，继续进行收购的，应当依法向该上市公司所有股东发出收购上市公司全部或者部分股份的要约。

很显然，这个比例仅仅适用于特定条件下的上市公司股权收购事项中，不适用于有限责任公司和未上市的股份有限公司，即便是上市公司在平时也没有什么特殊的意义。仅供大家了解一下即可。

六、重大同业竞争警示线——20%

做股权激励主要目的之一是为了留住人才，让激励对象一心一意地为公司服务，一般也不允许激励对象出现一仆二主的现象，或同时在两个或者两个以上的公司兼职，或者自己在外面创业。但是有的也不会强硬地要求所有的人员都要必须遵守，因为有的人才可能更为抢手，有的人才可能无关紧要，所以需要对关键的、主要的人员进行限制。我国学者一般认为，关联企业特指一个公司通过 20% 以上股权关系、重大债权关系或者协议、人事任免等情况所能控制或者对其经营决策施加重大影响的任何企业，是以会出现百分之二十是重大同业竞争警示线的说法；所以，对于重大同业竞争警示线设定到了持股的百分之二十。但是这也是根据公司的情况自行约定的，因为法律上没有限制股东经营同类业务。

举例：

李雷开办了一家贸易公司，注册资本为 100 万元，李雷认缴出资 100 万；经过股改、引入资本方以及股权激励后李雷认缴出资 51 万，持股比例为 51%。韩美美作为激励对象认缴出资 20 万元，持股比例为 20%；其他股东认缴出资为 29 万，持股合计比例为 29%，公司整体注册资本为 100 万元。

之所以对韩美美进行股权激励，就是因为韩美美有技术、有能力、有资源，但是如果因为韩美美有这些优势，在外面和别人一起合作或者自己经营同样的业务，就会损害公司利益。所以对这样的股东持股比例需要进行一定的限制，并都要进行特殊的约定，不得进行同业竞争；当然对于特殊人才，不能提出过多条件的时候也要注意对内、对外的持股比例，如果在外面的投资金额较小，损害公司利益的可能也会降低，所以要进行综合判断。

七、临时会议召集权——10%

持有公司百分之十的股权就有权提议召开公司的股东会，因为有的时候公司的董事会为了控制公司，故意不召开股东会，自己利用董事的权利影响公司业务或者作出有损公司及股东的行为。所以，需要给予公司股东一定的权利。

根据《中华人民共和国公司法》第三十九条第二款规定，代表十分之一以上表决权的股东，三分之一以上的董事，监事会或者不设监事会的公司的监事提议召开临时会议的，应当召开临时会议。

第四十条第三款规定，董事会或者执行董事不能履行或者不履行召集股东会会议职责的，由监事会或者不设监事会的公司的监事召集和主持；监事会或者监事不召集和主持的，代表十分之一以上表决权的股东可以自行召集和主持。

第一百条第三项规定，股东大会应当每年召开一次年会。有下列情形之一的，应当在两个月内召开临时股东大会：（三）单独或者合计持有公司百分之十以上股份的股东请求时。

第一百一十条第二款规定，代表十分之一以上表决权的股东、三分之一以上董事或者监事会，可以提议召开董事会临时会议。

《最高人民法院关于适用〈中华人民共和国公司法〉若干问题的规定（二）》第一条第一款规定，单独或者合计持有公司全部股东表决权百分之十以上的股东，以下列事由之一提起解散公司诉讼，并符合公司法第一百八十二条规定的，人民法院应予受理。

单独或者合计持有公司百分之十的表决权的股东可提出质询、调查、起诉、清算、解散公司。

《公司法》第三十九条、第四十条适用于有限责任公司，代表十分之一表决权以上的股东可以提议召开股东会临时会议，在董事和监事均不履行召集股东会职责之时可以自行召集和主持。因为有限责任公司的股东会的表决权可以另行约定，如果有限责任公司未约定按出资比例行使表决权，10% 的临时会议权限根本没有意义。并且召开会议的行使权利有严格的程序和流程，一般需要先向董事会或者执行董事申请；董事会不召集的，再向监事会或者监事申请；如果均不召集的，可以自行召集。

《公司法》第一百条、第一百一十条适用于股份有限公司，正因为股份公司资合性为主这一特别的性质，10% 的临时会议召集权限带有强制性。也就是说，持有 10% 以上股份的股东可以请求召开临时股东大会，提议召开董事会临时会议。

《公司法司法解释二》第一条适用于所有类型的公司，即在公司僵局的情况下 10% 以上表决权股东的诉讼解散权。这个可能就会导致公司真的解散，所以说一定要慎重，对激励对象的持股比例也要严格划线，进行监控。

举例：

李雷开办了一家贸易公司，注册资本为 100 万元，李雷认缴出资 100 万；经过股改、引入资本方以及股权激励后李雷认缴出资 100 万，持股比例为 10%；韩美美等人作为激励对象认缴出资 100 万元，持股比例为 10%，其他股东认缴出资为 800 万，持股合计比例为 80%，公司整体注册资本为 1000 万元；其他股东比较分散，只有创始人的股权为 10%，已经最大。韩美美等人持股平台整体持股 10%。

但是，李雷已经基本上退出了公司管理，开始享受生活，公司的管理权基本上都交给了高管层，也就是管理权掌握在持有激励股权的韩美美等人手里面。他们利用自己的权利不断地进行关联交易，损害公司利益，导致其他小股东也有意见，但是因为股权太过分散，其他股东之间又缺乏联系，很多小股东敢怒不敢言，敢言的也没有其他办法反映或者解决问题。在此种情况下，有的股东就找到李雷，要求李雷召开股东会，维护股东利益。

其实，上述情况下，也只有李雷能召集股东会，只要股东会召开，就可能罢免韩美美等人。所以，创始人即便在退休以后，为了维护公司的长久经营以及广大股东的利益，尽量要把握好这个"百分之十"的底线。

八、重大股权变动警示线——5%

根据《中华人民共和国证券法》第六十七条第一款，第二款第八项规定，发生可能对上市公司股票交易价格产生较大影响的重大事件，投资者尚未得知时，上市公司应当立即将有关该重大事件的情况向国务院证券监督管理机构和证券交易所报送临时报告，并予公告，说明事件的起因、目前的状态和可能产生的法律后果。

下列情况为前款所称重大事件：（八）持有公司百分之五以上股份的股东或者实际控制人，其持有股份或者控制公司的情况发生较大变化。

第七十四条第二项规定，证券交易内幕信息的知情人包括：（二）持有公司百分之五以上股份的股东及其董事、监事、高级管理人员，公司的实际控制人及其董事、监事、高级管理人员。

第八十六条规定，通过证券交易所的证券交易，投资者持有或者通过协议、其他安排与他人共同持有一个上市公司已发行的股份达到百分之五时，应当在该事实发生之日起三日内，向国务院证券监督管理机构、证券交易所作出书面报告，通知该上市公司，并予公告；在上述期限内，不得再行买卖该上市公司的股票。

投资者持有或者通过协议、其他安排与他人共同持有一个上市公司已发行的股份达到百分之五后，其所持该上市公司已发行的股份比例每增加或者减少百分之五，应当依照前款规定进行报告和公告。在报告期限内和作出报告、公告后二日内，不得再行买卖该上市公司的股票。

对于公司进行股权激励的时候有的激励对象是不愿意抛头露面的，也是为了公司上市后尽快套现；因此在公司上市以后对于持股达到 5% 以上的股东就多了一些限制。从规则角度看，持股低于 5% 至少有两个好处，一是没有锁定期的约束；二是不需抛头露面，减持也不用披露。这个比例可能也是更多公司以及激励对象需要考虑的问题。

九、临时提案权——3%

根据《中华人民共和国公司法》第一百零二条第二款规定，单独或者合计持有公司百分之三以上股份的股东，可以在股东大会召开十日前提出临时提案并书面提交董事会；董事会应当在收到提案后二日内通知其他股东，并将该临时提案提交股东大会审议。临时提案的内容应当属于股东大会职权范围，并有明确议题和具体决议事项。

从上述规定可知，单独或者合计持有公司 3% 以上股份的股东，可以在股东大会召开 10 日前提出临时提案并书面提交召集人。但是这个持股比例仅适用于股份有限公司，有限责任公司由于其具备的人合性，没有此类繁杂的程序性规定。又由于很多时候需要激励对象多出主意，将其智慧贡献给公司，发挥好他们的积极性、主动性，也就需要他们能主动提出提案。有的考虑到做股权激励的时候更多的是采用了代持股或者持股平台代持股的方式进行的，所以在有限责任公司中可以自行约定或者在股权激励方案中设定一些如何提出提案，以及提出提案的条件和流程，让激励对象发挥好主人翁的地位，提高他们主动服务企业、监督管理层的意识。

举例：

李雷开办了一家贸易公司，注册资本为 100 万元，李雷认缴出资 100 万；经过股改、引入资本方以及股权激励后李雷认缴出资 100 万，持股比例为 10%。韩美美作为激励对象对公司直接认缴出资 30 万元，持股比例为 3%。其他激励对象共同进入持股平台间接出资 70 万，持股比例为 7%。其他股东认缴出资为 800 万，持股合计比例为 80%，公司整体注册资本为 1000 万元。

因为公司进行股权激励，激励对象也是需要拿出"真金白银"的，也就成为了公司的主人，那么他们就会发挥自己的才能，也会尽可能为公司的发展献计献策；但是有时候公司的创始人、大股东可能因为一定的局限性听不到或者不愿意听其他人的建议，这样就需要有人提出来。在这个案例里能直接提出议案的激励对象也就是韩美美了，因为其他人进入的是持股平台，有可能将这些权利让渡给了创始人，所以激励对象在参与公司股权激励的时候也要看懂公司的激励方案，然后决定是否参与其中。

十、代位诉讼权——1%

即便百分之一的持股比例也是有用的。

根据《中华人民共和国公司法》第一百五十一条规定，董事、高级管理人员有本法第一百四十九条规定的情形的，有限责任公司的股东、股份有限公司连续一百八十日以上单独或者合计持有公司百分之一以上股份的股东，可以书面请求监事会或者不设监事会的有限责任公司的监事向人民法院提起诉讼；监事有本法第一百四十九条规定的情形的，前述股东可以书面请求董事会或者不设董事会的有限责任公司的执行董事向人民法院提起诉讼。

监事会、不设监事会的有限责任公司的监事，或者董事会、执行董事收到前款规定的股东书面请求后拒绝提起诉讼，或者自收到请求之日起三十日内未提起诉讼，或者情况紧急、不立即提起诉讼将会使公司利益受到难以弥补的损害的，前款规定的股东有权为了公司的利益以自己的名义直接向人民法院提起诉讼。

很多情况下激励对象不愿意参加到公司的股权激励计划中，原因是担心董事会、大股东等利用优势地位损害小股东的利益。因为激励对象获得股权比例一般都很低，所以缺少了一些安全感，那么百分之一的持股比例就相对解决了这个问题。法律授权给了持股百分之一的小股东对于损害公司利益的大股东、董事、监事提起诉讼的权利，这一诉讼权利叫作代位诉讼权。代位诉讼权发生的前提，一般要么是董事、高管违法违章损害公司利益，要么是监事违法违章损害公司利益；如果都有问题，股东则可以直接以自己的名义"代公司的位"直接向法院提起诉讼，以便维护公司利益，最终也是为了维护股东自身利益。

需要特别注意的是有限责任公司没有持股时间和持股比例的限制。仅仅是股份公司才需要持股比例达到百分之一，并且还需要同时满足持股一百八十日这一条件。该一百八十日的条件主要是针对上市公司中的短线炒股人，如果持股今天达到了 1% 不关心公司长期的发展，没事就起诉公司，起诉是会影响公司股价的；因为一百八十日就是半年了，持股半年的人一般都是中长线投资者了，也就关心公司的真正业绩了，起诉也是确实为了公司的利益，并不是为了投机行为。

举例：

李雷开办了一家贸易公司，注册资本为 100 万元，李雷认缴出资 100 万；经过股改、引入资本方以及股权激励后，公司成为股份公司李雷认缴出资 100 万，持股比例为 10%。韩美美作为激励对象对公司直接认缴出资 10 万元，持股比例为 1%。其他激励对象共同进入持股平台间接出资 70 万，持股比例为 9%。其他股东认缴出资为 800 万，持股合计比例为 80%，公司整体注册资本为 1 000 万元。

如果李雷有损害公司利益的行为，如进行关联交易或者自己经营与公司同样竞争的业务，进而损害其他股东权益的，韩美美持股时间超过了一百八十日就可以直接拿起法律武器，以公司的名义直接起诉李雷，这就叫作代位诉讼。

上述有关公司股权比例以及关系到公司控制权、股东权益的问题，希望对大家有所帮助。不仅仅是在进行股权激励的时候，在其他融资、创业合伙、股改中都可以参照适用。

相关文件范本

范本使用指南:

　　对于需要做股权激励但是考虑到本次的激励对象不稳定,或者作用有限,不适合作为公司的核心股东,或者又不想用公司的注册股或者不想激励对象以公司登记股东的身份直接持股。可以采用虚拟股权激励的方式进行激励。虚拟股权实际上就是对内名义上的股权,虚拟股权拥有者不是指甲方在工商行政审批部门注册登记的实际股东,虚拟股权的拥有者仅享有参与公司年终净利润的分配权,而无所有权、股东权及其他权利,拥有者不具有股东资格。原则上此虚拟股权对内、对外均不得转让、赠予,不得继承。对于虚拟股由于不在公司登记机关登记,其不会被抵押、质押,一般也不会被查封,对激励对象来说是一个比较稳妥的收益途径,对公司来说也不会因为激励对象所负的债务而被拍卖变卖从而改变公司股权结构。

　　虚拟出来的股权基本上是参照注册资本然后虚拟一个股权池,股权池中的股权与注册资本形成一个比例,将匹配出来的利润跟这个股权池形成对应,也就是用拿出来的一部分例如作为这个股权池的全部利润;然后再用用股权池里面的股权去奖励激励对象,每个激励对象根据自己获得的虚拟激励股权去分享股权池里面对应的利润。

　　虚拟股权的获取一般不需要激励对象支付对价,但是对激励对象有一些条件要求,并且最终行权的时候一般会有一些销售业绩或者是其他工作和任务的要求。

　　本《虚拟股权激励协议》就是进行虚拟股权激励时候需要用到的协议书,由进行股权激励的公司与激励对象签署,大家可以结合自身企业情况参考使用。

虚拟股权激励协议

甲方:　　　　　　　　　　　　乙方:

统一社会信用代码:　　　　　　身份证号:

住所:　　　　　　　　　　　　住所:

法定代表人:　　　　　　　　　电话:

电话:　　　　　　　　　　　　电子邮箱:

电子邮箱:　　　　　　　　　　微信:

微信:

　　为了建立现代公司制度和完善公司治理结构,实现对公司高管人员和业务技术骨干的激励与约束，使高层管理人员的利益与公司的长远发展更紧密地结合，充分调动其积极性和创造性，实现公司的可持续发展，甲乙双方本着自愿、公平、平等、互利、诚实信用的原则，根据《中华人民共和国合同法》《中华人民共和国公司法》等相关法律法规规定及《_____有限公司的章程》，双方同意甲方以虚拟股权的方式对乙方的工作进行奖励和激励。为明确双方的权利、义务，特订立以下协议：

一、定义

除非本协议条款或上下文另有所指，下列用语含义如下：

1. 注册股权：指_____有限公司在行政审批部门登记的注册资本金，总额为_____万人民币，一定比例的股权对应相应金额的注册资本金。

2. 虚拟股：指_____有限公司对内名义上的股权，虚拟股权拥有者不是指甲方在行政审批部门注册登记的实际股东，虚拟股权的拥有者仅享有参与公司年终净利润的分配权，而无所有权、股东权及其他权利，拥有者不具有股东资格。原则上此虚拟股权对内、对外均不得转让、赠予，不得继承。

3. 虚拟股总额：按照_____有限公司在工商行政审批部门登记的注册资本金，总额为人民币___万人民币为依据，虚拟出__%作为整体虚拟股总数，即__万股。

4. 分红：指有限公司按照《中华人民共和国公司法》及____有限公司章程的规定依据可分配的税后净利润总额，各股东按所持股权比例进行分配所得的红利。

5. 净利润：指公司年度实收营业收入扣除相应的生产经营成本支出（人员工资、购置设备、原材料、配件、租赁办公场所、支付水电、物业等费用）、车贷分期、坏账费用、管理费用、财务费用、税费以及相关费用后的余额。

二、协议标准

根据乙方以往的工作表现以及对乙方工作的预期，甲方经过全体股东一致同意，决定授予乙方_____的虚拟股。

1. 乙方取得的虚拟股权不变更_____有限公司章程，不记载在甲方的股东名册，不做行政审批部门变更登记。乙方不得以此虚拟股权对外作为拥有甲方资产的依据。

2. 每年度会计结算终结后，甲方按照《中华人民共和国公司法》和《____有限公司章程》的规定计算出上一年度公司可分配的税后净利润总额。

3. 乙方可得分红为乙方的公式为：虚拟股数 ÷ 虚拟股总额 × 可分配的净利润总额。

三、协议的履行

1. 乙方取得分红的条件需要完成甲方或者乙方所同时任职的甲方控股或者参股子公司的业绩考核。

2. 甲方应在每年的_____月底前进行上一年度会计结算，得出上一年度税后净利润总额，并将此结果及时通知乙方。

3. 乙方在每年度的_____月底前享受分红。甲方应在确定乙方可得分红后的十个工作日内，将可得分红以人民币形式支付给乙方。

4. 本协议生效后即可享受当年的分红，不足一年的，按照月份比例计算。

5. 乙方所得红利所产生的所有税费由乙方承担，甲方在实际发放时直接扣除。

6. 如果乙方参与了甲方或者甲方关联公司的股权激励方法需要支付认股费用的，甲方可以直接将乙方应得的分红支付其应付的认股费。

四、双方的权利、义务

1. 甲方应当如实计算年度税后净利润，乙方对此享有知情权。

2. 甲方应当及时、足额支付乙方可得分红。

3. 乙方应做好本职工作，完成工作计划，维护和管理好客户或工作人员。

4. 乙方应实现甲方指定的各类业绩指标，为甲方项目提供建议、创意、创新，但具体业绩指标由甲方最终制定。

5. 乙方对甲方负有忠实义务和勤勉义务，不得有任何损害甲方利益和形象的行为。

6. 乙方对本协议的内容承担保密义务，不得向第三人泄露本协议的内容。

7. 若乙方离开甲方的，或者依据**第五条**变更、解除本协议的，乙方仍应遵守本条第 5、第 6 项的约定。

8. 乙方不得将享有的虚拟股进行转让、抵押、质押或者以其他形式进行借款。

五、协议的变更、解除和终止

1. 甲乙双方经协商一致同意的，可以书面形式变更协议内容。

2. 甲乙双方经协商一致同意的，可以书面形式解除本协议。

3. 乙方违反本协议义务的甲方有权随时解除本协议。

4. 乙方有权随时通知甲方解除本协议。

5. 甲方解散、注销的，协议自行终止。

6. 当以下情况发生时，本协议自行终止。

（1）乙方因辞职、被辞退、被解雇、退休、离职等原因与公司解除劳动合同关系的；

（2）乙方丧失劳动能力或民事行为能力或者死亡的；

（3）乙方被追究刑事责任的；

（4）乙方存在违反《中华人民共和国公司法》或者《公司章程》、《保密协议》的行为的；

（5）乙方执行职务存在重大过错，致使公司利益受到重大损失的；

（6）乙方经公司认定对公司亏损、经营业绩下降负有直接责任的；

（7）乙方存在其他重大违反公司规章制度的行为；

7. 协议解除、协议终止当年，乙方不享受本协议约定的分红权权益，已经分配的有权追回。

六、违约责任

1. 如甲方违反本协议约定，迟延支付或者拒绝支付乙方可得分红的，应当以应付未付金为标准，按照同期银行存款利率向乙方承担违约责任。

2. 如乙方违反本协议约定，甲方有权视情况相应减少或者不予支付乙方可得分红，并有权解除本协议。给甲方造成损失的，乙方应当承担赔偿责任。并有权要求乙方限期退还已经支付的全部分红，如果乙方逾期退还的，甲方有权要求以应退未退金为标准，按照同期银行存款利率向甲方承担违约责任。

七、争议的解决

因履行本协议发生争议的，双方首先应当争取友好协商。如协商不成，则将该争议提交甲方所在地人民法院裁决。

八、协议的生效

甲方全体股东一致同意是本协议的前提，《股东会决议》是本协议生效这必要附件。本协议一式两份，双方各持一份，自双方签字或盖章之日起生效。

甲方： _____（签章）_____ 乙方： _____（签章）_____

日 期： _____ 日 期： _____

范本使用指南：

本股权激励方案是作者为一家机械设备贸易公司做的方案。该贸易公司成立时间较长，已有十几年的历史，每年盈利情况稳定；但是有个别创始股东已经年龄较大，不参与公司的经营了，公司的业务几年也没什么新的突破。

经过公司股东会的一致决议准备调整公司股东结构，引入中层管理人员、分公司负责人以及公司的销售骨干参与公司经营，成为公司的股东让人才长期留在公司，对公司更有归属感；让年龄较大的创始股东逐步退休，并给予退出的股东一部分股东溢价。

经过与作者的沟通，公司准备实施股权激励计划，该股权激励计划主要针对公司的中层管理人员、分公司负责人以及公司的销售骨干，这些人员都是一些长期跟随公司创始人创业的元老，对公司有着深入的了解，有一定的认同感；但是由于公司业绩几年没有突破，工资、奖金收入也没有什么突破，对现状有一定的不满足，其他公司有对这类人才给出了一定优惠的条件。

由于有了一定的信任基础，公司创始人准备对这类激励对象予以实股激励；为了方便管理采取了实股激励外加持股平台持股的方式。

实股激励主要就是公司奖励激励对象实际的注册股，所奖励的股权是和注册股一一对应的。

本次股权激励的股权来源主要是退出的公司创始股东，准备退出的创始股东也不是一次性退出，是逐步、分年、分批次退出，并且他们的股权用来激励公司的中层管理人员、分公司负责人以及公司的销售骨干等激励对象，这些激励对象适当溢价购买股权，资金来源就是自己拿钱，当然这个溢价比起公司的净资产适当有所上浮。又因为公司最近几年的分红情况比较稳定；又因为公司的净资产包含了一些不良债权，这些债权有一定的不确定性，对于退出的股东又不感觉吃亏，双方基本上都没有什么意见。

持股平台，主要为进行股权激励采用的代持股或者间接持股机构，这样也就防止公司的股东注册到公司登记机关的人员太多，后期离职或者其他变动太麻烦，所以采用持股平台的方式由公司设立一个有限合伙企业，激励对象进入到这个有限合伙企业中作为有限合伙人，再由该有限合伙企业进入公司，成为公司的注册股东，对于激励对象所持股权以及投资金额会与注册股进行一一匹配。同时，由公司的创始人担任有限合伙企业的执行事务合伙人，这样就能将公司的控制权掌握在创始人手中，也防止过分的分权。最终达到激励对象能参与公司的决策与经营，能够参加股东会提出意见，但最终也会集中到创始人手中，实现真正的民主集中制。

同时，为了保证激励对象的分红权利，也特别约定了公司分红的方式、时间以及公司每年分红的比例与最低限额等情况。

对于激励对象跳槽、转行、退休、违纪等情况也有了考虑，并进行了约定。

对于不同部门、不同级别、不同岗位、不同的入职时间都进行了相应的考虑，制定了不同的激励系数；该系数会根据以后的岗位调整、职位晋升也会进行相应的调整。

该企业事实股权激励以后，激励对象除了工资、奖金以外，还有了利润分红，收入有了明显提高，积极性也明显提高，企业业绩有了明显突破，最终实现了实施股权激励的预期效果。

虽然本案例中的企业以及激励对象都得到了满足，起到了激励效果，但是企业以及为企业提供股权激励服务的专业人士要结合企业自身情况调整所采用的股权激励方案，制订出适合自身企业的方案。本方案未必适合所有企业，建议量身定做，本方案仅供参考。

石家庄 ×× 设备有限公司
（公司内部股权激励方案）

公司（北京）资产管理有限公司之股权布局方案

解 释

公司：石家庄 ×× 设备有限公司的简称。

股权激励：本次股权激励方案。

激励对象：参与本次股权激励的员工。

窗口期：公司开发给激励对象，可以认购股权的期限。

持股平台：为进行股权激励采用的代持股或者间接持股机构。

声 明

本激励计划属于公司的机密文件，未经许可，任何人不得向他人透漏本激励计划中的任何内容。如有违反，将对违反者进行严肃处理，情节严重者将依法追究其法律责任（包括但不限于侵权赔偿、刑事处罚等法律责任）。

第1章　总则

第1条　为进一步调动公司员工的积极性，增强企业凝聚力，增强核心员工对公司长期发展的关切度和管理的参与度，同时也使员工能够分享企业成长带来的收益，形成企业内部的激励机制和监督机制，依照《中华人民共和国公司法》《中华人民共和国证券法》《中华人民共和国合同法》《中华人民共和国合伙企业法》等国家法律、法规，特制订本激励计划。

第2条　实施股权激励方案的目的

（1）倡导以价值创造为导向的绩效文化，建立股东与核心成员之间利益共享与风险共担机制；

（2）从长期来看，股权激励方案应该能够支撑公司实施资本运作的战略需要；

（3）从短期来看，股权激励的实施可以促进公司销售规模的快速增长，成本的节约，以及利润的提高；

（4）实现核心员工个人收益与公司价值的紧密联系，引导管理层关注短期目标与长期目标的平衡，吸引与保留优秀管理人才和业务骨干；

（5）鼓励并奖励业务创新和变革精神，挖掘骨干员工潜能，增强公司的核心竞争力。

第3条　股权激励方案的设计原则

（1）优化股权结构；

（2）为激励对象分享公司收益；

（3）着眼于公司战略；

（4）分层、分级进行区别激励；

（5）激励与约束相对称。

第4条　激励对象的确定原则

（1）人力资本价值

股权激励不同于工资或其他短期激励，它主要是为了支撑公司的战略规划而设，故应重点激励那些有能力参与战略制定或承担战略实施重大职责的人员，岗位重要性作为持股多少的一个重要评判标准。

（2）历史贡献

股权激励是着眼于未来的，但是在授予股权时也应适度考虑员工的历史贡献。因为是否能对未来做出贡献主要参考依据就是岗位及历史贡献，所以历史贡献考核指标作为持股多少的另一个重要评判标准。

第5条　激励股的授予时间

（1）股权激励拟分一期授予，授予时间为 2018 年 3 月份，作为窗口期。

（2）若规划中的激励岗位在实施股权授予计划时激励对象尚未到岗或因其他原因未达到激励条件，则此部分股权作为预留股，其具体授予方式及时间由股东会确定。

第 6 条 激励股的分配原则

激励股权的分配主要考虑激励对象的岗位重要性及个人的历史贡献，即根据岗位等级拟定岗位系数，根据考核指标完成情况及工作年限拟定历史贡献系数。

岗位调整的，激励股权进行相应的调整。

对于公司未来发至中承担重大战略实施职责或业绩贡献突出的激励对象，可获得股东会的特授股权（特授股权数量由股东会确定）。

第 7 条 本激励计划的管理机构为公司的人力资源部门，日常管理工作包括但不限于拟定激励股分配方案、分红计划、收益计算及审核激励对象的考核结果等。

第 2 章 股权激励方案

第 8 条 激励股规划

公司注册资金为：500.00 万元人民币，虽然为有限责任公司，但为了计算方便，所以假定公司的总股本共计为：500.00 万股，每股对应为注册资本的 $1 \div 500.00$ 万 × 100% 的股权。

本次股权激励方案计划提取总股本的 ___% 用于股权激励；其中 ___%（即：___ 万股，以下简称为 "A"）用于本次的激励，其余部分计划用于后期的股权激励。

第 9 条 激励对象的范围

根据本次股权激励方案的原则及目的，结合公司的组织架构（现有组织架构及规划期组织架构），激励对象需要同时达到以下条件：

（1）认同公司的发展战略和价值观；

（2）承诺自愿遵守本计划规定的所有条款及配套文件，例如《股权授予协议书》等；

（3）为公司服务期限不少于 3 年，且正式签署《劳动合同》，未完成的劳动合同期限不短于 3 年，若员工曾经中途离开公司，以最近一次加入公司的时间为准；

（4）本次股权激励方案实施前一次的考核达到了公司的考核指标（注：特殊贡献人才经股东会批准后可适度放宽工作年限限制）；

（5）核心管理层员工（注：特殊贡献人才经股东会批准后可适度放宽以上条件）。

第 10 条 激励对象的确定程序

（1）根据获授激励股的基本条件，由经理拟定总公司的初选人员名单；涉及分公司或者子公司的，由所涉及的分公司或者子公司负责人拟定分公司或者子公司的初选人员名单。

（2）召开股东会，审议初选名单，提出复核意见。

（3）将经股东会议复核的激励人员名单报人力资源部门备案，确认最终激励人选，并编入激励对象名册。

第 11 条　股权激励方式

根据公司目前所处的发展阶段及财务状况，拟采用限制性股权的方式进行激励。

（1）激励对象必须出资认购获授的股权，但为了体现激励性，采用"现金出资"加上"公司保证贷款"的方式进行股权价格支付。

激励对象可以在公司许可的范围内确定认购的股数，并缴纳认购的现金部分（现金出资额至少为其认购股数 × 股权激励股价 ×10%，激励对象也可以全部现金出资），现金出资的付款期限为 1 个月，超过期限不予缴纳的视为放弃参与股权激励的权利。

剩余部分认购资金可以由激励对象通过银行贷款的方式进行支付，激励对象进行银行贷款的，公司可以提供保证。

（2）激励的限制性股权自支付完毕全部股权转款后开始享受分红，所得分红优先偿还用于股权出资的贷款，激励对象偿还完毕的可以自行支配。

（3）限制性股权设锁定期为 3 年，锁定期限内激励对象未经公司同意，不得与公司解除劳动合同，也不得转让其获得的股权。

（4）锁定期满后，激励对象可将所持限制性股权依法进行转让。但每年转让的数量不得高于其本期基于股权激励方案获得的限制性股权总量的三分之一，经公司股东会同意的除外。

如：2018 年 8 月授予小王 10 万的限制性股权，三年后（2021 年 8 月），小王最高可转让的股权数量为：10×33%=3.3 万股。

转让所得款项优先偿还公司所保证进行的贷款，贷款归还完毕后，所得剩余款项归个人所有。

第 12 条　股价

参照公司目前的财务状况及预期战略规划，对公司进行合理估值，最终确定以下数据：

（1）公司现有注册资本为：500.00 万元人民币。

（2）公司现有净资产：2000.00 万元（详细见公司财务报表，财务报表作为附件）。

（3）按照净资产核算当前每股价格对应为：2000.00 万元 ÷500.00 万股 =4 元。

（4）股权激励价格为：2.4 元 / 股。

（5）每股价格：在激励期内，每年每股价格主要根据公司净资产及总股本予以确定，计算公式如下：

当前股价 = 当前已经公布的公司净资产 ÷ 公司总股本

公司的净资产每年公布一次，于当年 3 月底之前公布上一年度公司净资产；公司资产发生较大变化的，股东会可以根据具体情况及时重新核算公司净资产并及时公布。

受激励对象依照本方案向公司或者公司指定的第三人转让其限制性股权的按照此价格，向其他人转让的不受此限制；公司挂牌新三板或者上市后不受此股价限制。

第 13 条　激励股数

根据公司激励股权总体规划及激励对象的个人岗位重要性、历史贡献确定当期拟授予激励对象的股权数量。

岗位系数为：$B=0.7$

工龄系数为：$C=0.3$

序号	岗位	基数（D）	备注
1	总经理	15	
2	副总	10	
3	总监	7	
4	副总监	5	
5	部门经理	3	
6	组长	1.5	
7	骨干	1	

工龄每工作一年算 1 个基数，工龄基数：$E=1 \times$ 工龄。

单个人的激励基数：$F= B \times D+C \times E$。

整体基数：$G=$ 全体激励对象激励基数之和。

每个人的股权激励最高可参与的股数额：$F \div G \times A$。

例如：本次参与股权激励的人员为 3 人，其中总经理工作了 3 年、副总工作了 5 年、总监工作了 3 年，本次拟激励 100 万股。则总经理的股权激励最高可参与的股数额为（0.7×15+0.3×3）/[（0.7×15+0.3×3）+（0.7×10+0.3×5）+（0.7×7+0.3×3）]×100 万 =44.36 万股。

第 14 条　持股方式

激励对象所持股权为间接持股，由公司作为普通合伙人、激励对象作为有限合伙人成立有限合伙企业，该有限合伙企业作为本次股权激励的持股平台。

第 15 条　公司激励股权的权利

（1）分红权

激励对象按其所持限制性股权数量享受公司的分红，分红方式为：激励对象所获红利 = 公司当年净利润 × 分红比例 ÷ 公司总股本 × 激励对象所持限制性股权数量，分红比例由公司股东会根据当年公司经营情况及未来战略规划而定（浮动区间为 20%-60%）。

劳动合同期限内或者激励对象取得股权后三年内，激励对象不享有年度未分配利润的追溯权，即如果激励对象在当年分红之前离职，则激励对象对该年对利润及此前年度留存的未分配利润不享有分配权。

例如：假设员工小王持有公司 10 万股，2019 年公司净利润为 500 万，提取净利润的 40% 用于分红，则小王当年得到的红利为 = 500×40%÷500×10 万 =4（万元）。

（2）增值权

激励对象可以分享公司股价增长带来的增值收益。

例如：当年公司净资产为 3000 万，当前每股价格为 3000 万 ÷500 万 =6 元，增值为 6-2.4=3.6 元。

第 16 条 公司激励股的考核办法

为实现股权激励收益与公司的战略目标完成情况的高度一致，在激励期内，每年对公司和激励对象考核一次。

1. 公司层面：只有当公司达到当年预定的业绩目标时（各项指标的完成率均不低于 80%），方能启动公司当年的限制性股权分红计划；若公司层面考核不合格，则当年全部激励对象所享有的激励股权均不得参与分红。

公司考核指标参考公司的制定的考核标准及任务指标。

2. 激励对象层面：激励对象个人考核成绩需合格方具有参与当年分红的资格。若个人考核不合格，则其所持激励股权做如下处理：

（1）限制性股权当年不得参与分红，其所获得的激励股权当年根据公司分红方案计算得出，单独留存在公司，在年度考核合格后可以统一领取。

（2）劳动合同期限内或者激励对象取得股权后三年内，若激励对象连续两年考核均不合格，公司或公司指定的第三人有权按激励对象的原始购股价进行回购。

第 3 章　激励股的调整

第 17 条　激励对象职务调整时的激励股调整办法

在本股权激励方案实施期内，若激励对象职位调整的，则参照新岗位的激励标准调整其股权激励股数。调整规则如下：

$$H_1=H_0+G_1-G_0$$

H_0 为调整前的激励股数量；G_0 为调整前的个人的股权激励最高可参与的股数额；G_1 为调整后的个人的股权激励最高可参与的股数额；H_1 为调整后的激励股数量。增加或者减少的激励股权数量为 G_1-G_0。

第 18 条　上市股改

在本股权激励方案实施期内，若公司上市股改，则激励对象所持限制性股权的处理办法如下：

（1）激励对象所持的公司限制性股权按其持有比例转化为拟上市公司的股份，持股方式原则性为间接持股，具体情况根据法律规定，在不违背法律的情况下由公司股东会进行调整。

（2）全体激励对象认购的实股统一纳入公司的持股平台进行管理，激励对象通过持股公司间接持股拟上市公司。

第4章　激励股的约束

第19条　激励对象的义务

（1）除本股权激励方案规定的情形外，激励对象所持激励股权不得私自转让；若需转让，必须经公司股东会同意，公司或公司指定的第三人有优先受让权。

（2）取得激励股权分红及其他收益所产生的个人所得税由个人承担。

（3）按照本方案的规定履行出资义务并偿还公司为激励对象进行的保证贷款，如果逾期偿还给公司造成损失的，由激励对象承担全部损失。

第20条　若激励对象在持股期间存在以下行为，则公司有权按不高于其原始购股价收回其所持的全部激励股权。

1. 徇私舞弊

（1）挪用公司公款的行为；

（2）利用职务之便收受贿赂、侵占公司财产，以权谋私或以不正当手段谋取私利的行为；

（3）利用职务之便打击、报复他人的行为。

2. 玩忽职守

（1）因工作不作为或职责履行不到位，造成严重后果的行为；

（2）因工作疏忽，造成严重后果的行为；

（3）因违反工作纪律，造成严重后果的行为。

3. 泄露机密

（1）直接或者间接经营、参股与本公司有竞争性业务或者在同行业企业进行兼职的行为；

（2）将公司的关键技术、图纸的相关数据和材料，以及未公布和实施的战略计划、营销策略和客户档案等商业机密泄露的行为。

4. 恶意诽谤

（1）恶意诽谤公司或利用公司名义招摇撞骗，损害公司形象的行为；

（2）故意伤害同事的人格，侮辱他人的尊严。

5. 盗窃毁损

（1）　盗窃公司和私人财物的行为；

（2）　故意损毁公司财物的行为。

6. 违法犯罪

（1）违反国家法律法规，受到国家处罚的行为；

（2）违反国家各项政策的行为。

7. 威胁要挟

利用所掌握的公司秘密，威胁要挟公司的行为。

8. 存在其他严重违反公司管理制度或者损害公司利益的行为。

第21条　退出机制

在激励期内，若激励对象中途离职，则激励股权的处理办法如下：

特殊情况	公司股权处理办法
1）激励对象因自身原因与公司提前解除劳动合同而离职 2）公司有证据证明激励对象存在严重触碰"高压线"的行为的（参见"**第十八条**"）	公司或公司指定的第三人收购其股权，价格按照其原始取得的每股价格计算
1）激励对象因公司人员调整而解除劳动关系的 2）合同未到期，双方友好协商不再续签劳动合同的 3）激励对象因合同到期而离职 4）激励对象因疾病无法正常工作、残障或死亡	公司或公司指定的第三人收购其股权，当前每股价格进行计算
因其他原因	由公司股东会另行商议解决

第5章　激励股的管理

第22条　公司的人力资源部门负责激励股权的日常管理，具体职责如下：

1. 收集、整理激励对象的意见；

2. 审查激励对象获授激励股权的资格；

3. 拟定激励股权授予方案；

4. 根据授予方案确定激励对象个人获授数量；

5. 制定限制性股权激励的考核指标，评定激励对象的考核结果；

6. 办理激励股权的授予、分红、对象、变更、退出等具体事务；

7. 制定、保管激励对象名册；

8. 拟定激励股权收益分配方案，并确保相关款项及时到位；

9. 拟定修改股权激励方案的建议；

10. 制定激励计划相关配套办法和实施细则；

11. 其他需要办理的日常事项。

第23条　为便于激励股权的管理及核算，公司的人力资源部门可委托公司其他职能部门协助进行激励股权的日常管理。

第24条　激励股权的授予程序

1. 公司的人力资源部门根据本计划对激励对象的激励资格进行审核；

2. 公司的人力资源部门根据本计划确定激励对象的激励方式及获授激励股权的数量；

3. 激励对象在限额内确认认购额度，并按规定的付款方式缴付资金；

4. 公司的人力资源部门经激励对象持有激励股权的情况登记在激励对象名册上。

第 25 条 公司的人力资源部门根据激励对象获授激励股权的情况，据实建立激励对象名册，作为统一管理激励股的依据和书面凭证。激励对象名册应载明下列事项：

1. 激励对象姓名、职务、身份证号、住所等个人信息；

2. 激励对象获授激励股权的形式、数量及持股平台名称；

3. 激励对象的出资金额、出资方式；

4. 激励对象所持激励股权的变动情况。

第 26 条 公司的人力资源部门根据激励对象以及激励对象所持激励股的变动情况，及时在激励对象名册上予以登载和变更，并于变更后 7 个工作日内告知相关激励对象。

第 27 条 激励对象对本人的激励股登载有所疑问时，有权向公司的人力资源部门进行查询，但需在收到变更告知后 7 个工作日内提出查询申请。

第 6 章 附则

第 28 条 公司的人力资源部门可根据本激励计划提拟和制定操作细节。

第 29 条 本计划由公司的股东会负责解释。

第 30 条 本计划自股东会通过之日起生效实施，以后年度遵照执行。但出现下列情况之一时，本计划将予以终止；

1. 出现法律法规规定必须终止的情况；

2. 经营亏损导致公司破产或解散。

第 31 条 本计划未尽事宜，按照国家有关法律法规和公平、合理、有效的原则予以解决。

范本使用指南：

　　对于需要做股权激励的情况下，一般都会建议创始人采用持股平台持股的方式。如果采用持股平台的方式一般会建议采用有限合伙企业作为持股平台，该方式既可以保证激励对象的参与权、财产增值权以及分红权，又能保证核心人员、创始人对公司的控制权。这样就需要制作一个合伙人的出资证明给激励对象，将激励对象的出资情况、出资时间以及数额进行登记并作为出资证明文件。

合伙人出资证明书

编号：＿＿＿＿＿＿＿＿

　　一、有限合伙企业全称：石家庄××企业管理咨询中心（有限合伙）。

　　二、有限合伙企业住址：＿＿＿＿＿＿

　　三、有限合伙企业登记日期：＿＿＿年＿＿＿月＿＿＿日

　　四、有限合伙企业注册资本：＿＿＿＿

　　五、合伙企业合伙人：＿＿＿于＿＿＿年＿＿＿月＿＿＿日向本有限合伙企业缴纳出资人民币＿＿＿元（大写：＿＿＿＿＿＿＿）。该合伙人自本出资证明书核发之日起，享有本有限合伙企业合伙协议规定的权利。

核发单位：（盖章）石家庄××企业管理咨询中心（有限合伙）

核发日期：＿＿＿年＿＿＿月＿＿＿日

范本使用指南：

对于需要做股权激励的情况下，一般都会建议创始人采用持股平台持股的方式。如果采用持股平台的方式一般会建议采用有限合伙企业作为持股平台，该方式既可以保证激励对象的参与权、财产增值权以及分红权，又能保证核心人员、创始人对公司的控制权。这样就需要合伙人召开第一次全体合伙人会议，对成立合伙企业、执行事务合伙人担任情况以及合伙企业的基本情况进行表决。同时还需要做一个全体合伙人名录及出资情况作为合伙人情况的统计表。

作为股权激励的必备文件也是工商登记机关需要进行备案的文件，有的公司登记机关可能有特殊要求和按规定的范本填写。作者提供的范本也是被很多公司登记机关引用的范本，大家可以根据具体情况进行调整。

石家庄 ×× 企业管理咨询中心
（有限合伙）合伙决议

一、决议基本情况

决议形成时间：＿＿＿＿＿＿＿＿

地点：企业办公室

决议性质：第一次全体合伙人决议

二、决议通知情况及到会股东情况

＿＿＿＿＿日全体合伙人决议，15日前以书面通知各合伙人，全体合伙人准时参加会议，无弃权情况。

三、决议主持情况

由执行事务合伙人石家庄 ×× 设备有限公司委派的＿＿＿召集和主持会议。

四、决议情况

1.各合伙人决定共同投资组建："石家庄 ×× 企业管理咨询中心（有限合伙）"；企业住所为：＿＿＿＿＿＿＿＿＿＿＿＿＿；经营范围：企业管理咨询（金融、证券、期货、教育、投资除外），商务信息咨询（金融、证券、期货、教育、投资除外），会议及展览展示服务，机械设备及配件销售、机械设备维修及租赁。

2.企业注册资本为人民币＿＿＿＿万元，具体出资额、出资方式及所占比例如下：

合伙人姓名、投入资本、比例、认缴金额、实缴金额、出资时间。

3. 设执行事务合伙人一名，选举石家庄××设备有限公司委派的××担任，执行事务合伙人为本合伙企业负责人。

五、决议讨论并通过了合伙协议。

六、本决议内容及合伙人签字真实有效，其中签字均为本人亲笔签字，如因此次设立产生纠纷由全体合伙人承担，与登记机关无关。

全体合伙人亲笔签字：

石家庄××企业管理咨询中心（有限合伙）

_____年__月__日

附表　全体合伙人名录及出资情况

合伙人名称或姓名	住所	证件类型及号码	承担责任方式	出资方式	评估方式	认缴出资额（万元）	实缴出资额（万元）	缴付期限

全体合伙人签名：

日期：

石家庄 ×× 企业管理咨询中心 （有限合伙）合伙人会议决议书

一、会议基本情况

会议时间：_____年__月__日

会议地点：

会议性质：临时合伙人会议

二、会议通知及合伙人到会情况

执行事务合伙人于会议召开 15 日前通知了合伙人，出席本次合伙人会议的普通合伙人为：石家庄 ×× 设备有限公司，有限合伙人为：_____，全体合伙人均已到会。

三、会议召集和主持情况

本次合伙人由执行事务合伙人石家庄 ×× 设备有限公司召集和主持。

四、合伙人会议一致通过并决议如下

石家庄 ×× 企业管理咨询中心（有限合伙）以_____元（大写：_____）购买_____持有的石家庄 ×× 设备有限公司的___% 的股权，并委托____代为持有该股权，也通过确认与_____所签署的股权转让协议及代持协议的内容，相关协议内容作为本决议的附件。

合伙企业：石家庄 ×× 企业管理咨询中心（有限合伙）（盖章）

普通合伙人：_____（盖章）

有限合伙人：_____（签字或盖章）

_____年__月__日

范本使用指南：

对于需要做以有限合伙企业为持股平台的股权激励方案中，就需要成立有限合伙企业。成立有限合伙企业就需要准备一份合伙人签署的合伙协议，该合伙协议就类似于公司的公司章程。主要内容是该有限合伙企业涉及的宗旨、合伙企业的名称和主要经营场所的地点、合伙目的和合伙经营范围、合伙人的姓名或者名称、住所、合伙人的出资方式、数额和缴付期限、利润分配、亏损分担方式、合伙事务的执行、入伙与退伙、争议解决办法、合伙企业的解散与清算、违约责任以及其他需要写入合伙协议的事项。

因为该有限合伙企业主要是为了配合公司的股权激励方案设立的，上述涉及事项的填写和约定需要严格按照公司股权激励方案的内容进行细化，需要与公司股权激励方案的内容相匹配，如果冲突就容易引起歧义，造成不必要的麻烦。尤其是执行事务合伙人的担任，分红的方式、规则，进入退出的规则也需要跟股权激励方案相一致，否则仅仅股权激励方案中有约定但是合作协议中没有或者与之相冲突就很难解决，有的可能还会认定股权激励方案中的规定是无效的，这样就起到了相反的作用了，还可能造成人走了，但是股权不退，并且还在经营相竞争的业务成为合法的，又由于合伙人有知情权，成为合法的商业间谍了，会给公司造成不必要的损失。

协议中对合伙企业的投资范围、分红期限与方式以及经营期限也要进行与股权激励方案相一致的约定，以免将激励对象额资金挪为他用或者说有分红但就是到期不分红、到期不解散等情况的出现。

每个企业都有不同的特点，每个股权激励方案也有自身的不同，所以不能生搬硬套，一定要因地制宜，因企设计。

石家庄 ×× 企业管理咨询中心
（有限合伙）合伙协议

第一章 总则

第一条 根据《中华人民共和国合伙企业法》（以下简称《合伙企业法》）及有关法律、行政法规、规章的有关规定，经协商一致订立本协议。

第二条 本企业为有限合伙企业，是根据协议自愿组成的共同经营体。全体合伙人愿意遵守国家有关的法律、法规、规章，依法纳税，守法经营。

非上市企业之股权激励

第三条　本协议条款与法律、行政法规、规章不符的，以法律、行政法规、规章的规定为准。

第四条　本协议经全体合伙人签名、盖章后生效。合伙人按照合伙协议享有权利，履行义务。

第二章 合伙企业的名称和主要经营场所的地点

第五条　合伙企业名称：石家庄××企业管理咨询中心（有限合伙）

第六条　企业经营场所：＿＿＿＿＿＿＿＿＿＿

第三章 合伙目的和合伙经营范围

第七条　合伙目的：为了保护全体合伙人的合伙权益，使本合伙企业取得最佳经济效益。

第八条　合伙经营范围：企业管理咨询（金融、证券、期货、教育、投资除外），商务信息咨询（金融、证券、期货、教育、投资除外），会议及展览展示服务，机械设备及配件销售、机械设备维修及租赁。

第九条　合伙期限为　　年，自营业执照签发之日起计算；经全体合伙人一致同意，合伙企业的合伙期限可以延长或提前终止。

第四章 合伙人的姓名或者名称、住所

第十条　合伙人共8个，分别是：

1. 石家庄××设备有限公司（普通合伙人）

住所（身份证地址）：＿＿＿＿＿＿＿＿

证件名称：营业执照证件号码：＿＿＿＿＿＿＿；

2. ××（有限合伙人）。

住所（身份证地址）：＿＿＿＿＿＿＿＿＿＿＿

证件名称：身份证证件号码：＿＿＿＿＿＿＿＿；

以上合伙人为自然人的，都具有完全民事行为能力，有限合伙人承担有限责任，普通合伙人承担无限连带责任。

第五章 合伙人的出资方式、数额和缴付期限

第十一条　合伙人的出资方式、数额和缴付期限：

1. 合伙人（普通合伙人）：石家庄××设备有限公司。

以货币形式出资＿＿万元（认缴注册资本＿＿万元，实缴注册资本＿＿万元），占注册资本的＿＿%，合伙人约定认缴出资在＿＿＿＿年＿＿月＿日前缴足；承担无限连带责任。

2. 合伙人（有限合伙人）:××。

以货币形式出资__万元（认缴注册资本__万元，实缴注册资本__万元），占注册资本的__%，合伙人约定认缴出资在_____年__月__日前缴足；承担有限责任。

第六章 利润分配、亏损分担方式

第十二条 合伙企业的利润分配，按如下方式分配：由合伙人依照出资比例分配。

第十三条 合伙企业的亏损分担，按如下方式分担：由合伙人依照出资比例分担。

第七章 合伙事务的执行

第十四条 合伙人对执行合伙事务享有同等的权利。

经全体合伙人决定，委托法人合伙石家庄××设备有限公司委派的__执行合伙事务；其他合伙人不再执行合伙事务。执行合伙事务的合伙人对外代表企业。

第十五条 不执行合伙事务的合伙人有权监督执行事务合伙人执行合伙事务的情况。执行事务合伙人应当定期向其他合伙人报告事务执行情况以及合伙企业的经营和财务状况，其执行合伙事务所产生的收益归合伙企业，所产生的费用和亏损由合伙企业承担。

第十六条 合伙人分别执行合伙事务的，执行事务合伙人可以对其他合伙人执行的事务提出异议。提出异议时，暂停该事务的执行。如果发生争议，依照本协议**第十六条**的规定作出表决。受委托执行合伙事务的合伙人不按照合伙协议的决定执行事务的，其他合伙人可以决定撤销该委托。

第十七条 合伙人对合伙企业有关事项作出决议，实行合伙人一人一票并经全体合伙人过半数通过的表决办法。

第十八条 合伙企业的下列事项应当经全体合伙人一致同意：

（一）改变合伙企业的名称；

（二）改变合伙企业的经营范围、主要经营场所的地点；

（三）处分合伙企业的不动产；

（四）转让或者处分合伙企业的知识产权和其他财产权利；

（五）以合伙企业名义为他人提供担保；

（六）聘任合伙人以外的人担任合伙企业的经营管理人员。

第十九条 合伙人不得自营或者同他人合作经营与本合伙企业相竞争的业务。除经全体合伙人一致同意外，合伙人不得同本合伙企业进行交易。

第二十条 合伙人经全体合伙人决定，可以增加或者减少对合伙企业的出资。

第八章 入伙与退伙

　　第二十一条　新合伙人入伙，经全体合伙人一致同意，依法订立书面入伙协议。订立入伙协议时，原合伙人应当向新合伙人如实告知原合伙企业的经营状况和财物状况。入伙的新合伙人与原合伙人享有同等权利，承担同等责任。新合伙人对入伙前合伙企业的债务承担无限连带责任。

　　第二十二条　有《合伙企业法》第四十五条规定的情形之一的，合伙人可以退伙。

　　合伙人在对合伙企业事务执行造成不利影响的情况下，可以退伙，但应当提前三十日通知其他合伙人。

　　合伙人违反《合伙企业法》第四十五、或四十六条规定退伙的，应当赔偿由此给合伙企业造成的损失。

　　第二十三条　合伙人有《合伙企业法》第四十八条规定的情形之一的，当然退伙。

　　合伙人被依法认定为无民事行为能力人或者限制民事行为能力人的，经其他合伙人一致同意，可以依法转为有限合伙人，普通合伙企业依法转为有限合伙企业。其他合伙人未能一致同意的，该无民事行为能力或者限制民事行为能力的合伙人退伙。

　　退伙事由实际发生之日为退伙生效日。

　　第二十四条　合伙人有《合伙企业法》第四十九条规定的情形之一的，经其他合伙人一致同意，可以决议将其除名。

　　对合伙人的除名决议应当书面通知被除名人。被除名人接到除名通知之日，除名生效，被除名人退伙。被除名人对除名决议有异议的，可以自接到除名通知之日起三十日内，向人民法院起诉。

　　第二十五条　合伙人死亡或者被依法宣告死亡的，对该合伙人在合伙企业中的财产份额享有合法继承权的继承人，经全体合伙人一致同意，从继承开始之日起，取得该合伙企业的合伙人资格。

　　有《合伙企业法》第五十条规定的情形之一，合伙企业应当向合伙人的继承人退还被继承合伙人的财产份额。

　　合伙人的继承人为无民事行为能力人或者限制民事行为能力人的，经全体合伙人一致同意，可以依法成为有限合伙人，普通合伙企业依法转为有限合伙企业。全体合伙人未能一致同意的，合伙企业应当将被继承合伙人的财产份额退还该继承人。经全体合伙人决定，可以退还货币，也可以退还实物。

　　第二十六条　退伙人对基于其退伙前的原因发生的合伙企业债务，承担无限连带责任。合伙人退伙时，合伙企业财产少于合伙企业债务的，退伙人应当依照本协议**第十一条**的规定分担亏损。

第九章 争议解决办法

第二十七条　合伙人履行合伙协议发生争议的，合伙人可以通过协商或者调解解决。不愿通过协商、调解解决或者协商、调解不成的，可以按照合伙协议约定的仲裁条款或者事后达成的书面仲裁协议，向仲裁机构申请仲裁。合伙协议中未订立仲裁条款，事后又没有达成书面仲裁协议的，可以向人民法院起诉。

第十章 合伙企业的解散与清算

第二十八条　合伙企业有下列情形之一的，应当解散：

（一）合伙期限届满，合伙人决定不再经营；

（二）合伙协议约定的解散事由出现；

（三）全体合伙人决定解散；

（四）合伙人已不具备法定人数满三十天；

（五）合伙协议约定的合伙目的已经实现或者无法实现；

（六）依法被吊销营业执照、责令关闭或者被撤销；

（七）法律、行政法规规定的其他原因。

第二十九条　合伙企业清算办法应当按《合伙企业法》的规定进行清算。

清算期间，合伙企业存续，不得开展与清算无关的经营活动。

合伙企业财产在支付清算费用和职工工资、社会保险费用、法定补偿金以及缴纳所欠税款、清偿债务后的剩余财产，依照本协议第十一条的规定进行分配。

第三十条　清算结束后，清算人应当编制清算报告，经全体合伙人签名、盖章后，在十五日内向公司登记机关报送清算报告，申请办理合伙企业注销登记。

第十一章 违约责任

第三十一条　合伙人违反合伙协议的，应当依法承担违约责任。

第十二章 其他事项

第三十二条　经全体合伙人协商一致，可以修改或者补充合伙协议。

第三十三条　本协议一式＿＿＿份，合伙人各持一份，并报合伙企业登记机关一份。本协议未尽事宜，按国家有关规定执行。

全体合伙人签名或盖章：

非上市企业之股权激励

执行事务合伙人签字：

＿＿＿＿＿＿＿＿＿＿＿石家庄××企业管理咨询中心（有限合伙）

＿＿＿＿＿＿年__月__日

范本使用指南：

对于需要通过其他人或者创始人、其他股东处购买股权或者受让股权用来做股权激励的股权来源的，就需要签署一份《股权转让协议书》。该股权转让协议书一般是由转让方与激励对象直接签署的，但是有持股平台的是需要转让方与持股平台签署的。上述涉及的机械设备贸易公司因为有持股平台就是用退出的创始股东与持股平台签署的股权转让协议。这样的股权转让协议书有时候是无偿转让的，有时候是有对价转让的，但是都要写清楚；不要仅仅依照公司登记机关给的范本，如果有改动不给予登记的，尽量也要私下再写一份真实的股权转让协议，并注明公司登记机关备案的协议与本协议冲突的以本协议为准。

因为有的公司登记机关要求股权转让的款项要与公司的注册资本一一对应，也就是说注册资本是 1000 万元，如果转让的出资是 100 万元，一般转让价格会让你填写 100 万元。但是很多时候真实的转让价格未必就是 100 万元，有的会因为盈利有溢价款的存在，有的也会因为亏损进行折价，所以一定要自己拟定一份真实的协议留存，以防万一发生纠纷。

当然，如果股权激励来源于增资扩股的方式，就不适用股权转让协议了，就要拟定增资协议。

股权转让协议

股权转让方：（以下简称"甲方"）××
身份证号：
住址：
电话：

股权受让方：（以下简称"乙方"）石家庄××企业管理咨询中心（有限合伙）
统一社会信用代码：
住所：
执行事务合伙人：石家庄××设备有限公司
电话：

非上市企业之股权激励

目标公司：（以下简称"丙方"）石家庄××设备有限公司

社会信用统一代码：

住所：

法定代表人：

电话：

鉴于：

1. 丙方系依法成立的（有限责任／股份）公司，截至本协议签署之日，丙方的注册资本为＿＿万元人民币，甲方合法持有丙方＿＿万元人民币的股权，占丙方注册资本的比例为＿％。

2. 甲方愿意将其持有的占丙方＿％的股权（以下简称"目标股权"）转让给乙方。

3. 丙方已经依法召开股东会，并按法律及公司章程规定通过对前述股权转让的决议。

4. 丙方的其他股东在同等条件下自愿放弃优先购买权。

根据《中华人民共和国公司法》《中华人民共和国合同法》及其他有关部门规范性文件的相关规定，甲乙双方本着平等互利、诚实信用的原则，就甲方将其合法持有的目标股权转让给乙方一事，达成如下协议。

1. 丙方基本情况概述

1.1 丙方成立于＿＿＿年＿月＿日，是由＿＿＿＿共同出资设立的有限责任／股份公司，注册号为＿＿＿＿＿＿，法定代表人为＿＿＿＿＿。

1.2 经营期限自＿＿＿年＿月＿日至＿＿＿年＿月＿日，注册资本为人民币＿＿万元。

各股东出资比例、认缴出资额如下：

（1）＿＿＿＿＿＿＿＿；

（2）＿＿＿＿＿＿＿＿；

（3）＿＿＿＿＿＿＿＿。

2. 目标股权转让价款的确定

乙方受让目标股权的转让价款总计为人民币＿＿元。

3. 过渡期间（过渡期即本协议签订日至公司登记部门办理变更日）安排

3.1 甲方在过渡期间不得提议召开丙方的董事会、股东会进行利润分配，不得提议召开丙方的董事会、股东会进行增资扩股。

3.2 丙方在过渡期间若召开董事会、股东会，甲方应当就董事会、股东会的议案与乙方进行协商。甲方在丙方董事会、股东会就相关议案进行表决时，应当按照乙方的指示行使其相关职权。在过渡期，甲方董事依乙方书面指示行使董事职权的行为后果由乙方负责。

3.3 第 3.2 条约定有关甲方的过渡期义务，是基于其在过渡期之前已向丙方派出了董事，如甲方在过渡期之前没有向丙方派出董事则不承担此义务。

3.4 第 3.2 条约定的有关股东、股东会部分的义务，自丙方的工商变更登记手续办理完毕之日起，甲方不再承担此项义务。

3.5 股权变更事宜需根据丙方具体的经营情况，根据丙方的股东会决议情况决定，经过丙方半数以上有表决权的股东同意可以到公司登记机关进行股权变更手续。

4. 目标股权权属转移

4.1 甲乙双方一致确认，自目标股权的工商变更登记手续办理完毕之日起，乙方享有目标股权并行使与目标股权相关的权利。

4.2 本协议签订后，甲方应确保丙方将乙方的名称、住所及受让的出资额记载于股东名册，备妥有关文件到政府相关部门（包括但不限于工商行政管理局）办理完毕有关丙方股东变更登记手续，并办理公告事宜（如需要）。

4.3 目标股权转让手续应于本协议签订后___日内开始办理。如目标股权依法需报经有关政府部门审批或核准，审批或核准期间不计入本款约定的期间。

5. 风险及债权债务承担

各方依法承担出资责任及对目标公司的债权、债务。

6. 陈述及保证

6.1 甲乙双方均就转让及受让目标股权依法履行了内部决策程序，本协议的签署人均获得合法有效的授权，有权签署本协议。

6.2 甲方保证具有签约和履行能力，其股权转让行为已获得所有（包括但不限于丙方公司章程规定、其他股东同意其向股东以外第三人转让股权并放弃优先购买权）合法的和必要的决议、授权或同意，并且不会违反我国法律、法规及规章的强制性或禁止性规定。

6.3 甲方保证其依法享有转让股权的处分权，在股权过户手续完成前，其持有目标股权符合有关法律或政策规定。其未在目标股权上设立任何质押或担保，以及其他任何第三方权益。

6.4 甲方保证丙方没有现实地或可能涉及诉讼程序或其他法律程序，且无任何偷税、漏税、欠税及其他违法行为，否则由甲方承担由此引起的所有法律责任。若因上述原因乙方认为己方利益受损或可能受损，有权单方解除合同，违约责任由甲方承担。

6.5 甲方承诺，及时、全面地向乙方提供其所需的丙方的信息和资料，尤其是丙方尚未向公众公开的相关信息和资料，以利于乙方更全面地了解其真实情况。

6.6 甲方已经向乙方如实披露满足本次股权转让目的的重要资料，以及丙方开展经营范围内活动所需的全部证照、文件或其他资料，且保证各类资料以及证件的真实性、合法性。

6.7 甲方承诺，其向乙方所陈述与保证的有关丙方一切情况是真实的、详尽的，若其所做的任何陈述与保证被认定为不真实、不正确或者有误导成分，甲方将承担乙方为受让其股权而对丙方进行调查所发生的一切费用，这些费用包括但不限于差旅费、律师费、评估费、审计费等。

6.8 乙方对丙方资产及当地政府的有关政策有充分的了解，并愿意在受让股权之后享有其权利、承担其义务，同时承诺按本协议约定时间向甲方足额支付转让价款并办理相关手续。

6.9 乙方支付股权转让的资金具有合法来源，且不超过乙方净资产的 50%；乙方股东会已根据公司章程依法通过受让甲方股权的决议。

6.10 乙方将继续无保留、无歧视地支持丙方聘用的管理人员、技术人员和普通人员。

6.11 乙方将支持丙方继续履行与原有客户之间的协议，继续开展其原有的特定项目。

6.12 本协议签订之后至股东变更登记完成前，第 6.6 条款所陈述与保证的内容发生任何变化（包括但不限于丙方资产或股权的减损 / 转让或担保、丙方分派鼓励 / 红利或者签订新协议）时，必须事先征得乙方的书面同意，否则乙方有权解除本协议，并由甲方承担违约责任。

7. 与目标股权转让有关的费用和税收承担

与目标股权转让行为有关的费用和税收，按照国家有关法律、法规的规定由相关责任方承担。

8. 违约责任

8.1 本协议生效后，甲乙双方应本着诚实信用的原则，严格履行本协议约定的各项义务。任何一方当事人不履行或者不按规定履行本协议约定义务的（该义务包括但不限于过渡期义务、保密义务），视为该方违约，除本协议另有约定外，违约方应向对方赔偿其因此受到的损失，该损失包括但不限于实际损失、预期损失和要求对方赔偿损失而支付的律师费、交通费和差旅费以及先期支付的评估费用等。

8.2 违约情形

8.2.1 甲乙任何一方不履行、拖延履行股权变更登记协助义务。

8.2.2 乙方未按本协议约定履行付款义务。

8.2.3 任何一方违反依据本协议或商业习惯形成的通知、保密和协助义务。

8.3 任何一方由于不可抗力且非自身过错造成的不能履行或部分不能履行本协议义务的将不视为违约。

9. 保密

9.1 除非本协议另有约定，各方应尽最大能力保证对在讨论、签订、执行本协议过程中所获悉的属于对方的且无法自公开渠道获得的文件及资料予以保密（包括但不限于商业秘密、公司计划、运营活动、财务信息、技术信息、经营信息等），在披露时已成为公众一般可获取的资料和信息除外。

9.2 未经该资料和文件原提供方书面同意，不得在向除本协议项下双方及其雇员、律师和专业顾问外的任何第三方透露资料和文件内容。双方应责成其高级管理人员、律师、专业顾问及其他雇员遵守本条款所规定的保密义务。

9.3 依照法律、行政法规的要求，任何一方均有义务向有关政府部门披露上述保密信息；或因其正常经营所需，任何一方可向其直接法律顾问和财务顾问披露上述保密信息。

9.4 如本次股权转让尚未完成，双方负有相互返还或销毁对方提供的信息资料的义务。

9.5 该条款所述的保密义务在本协议终止后继续有效。

10. 协议的变更或者解除

10.1 本协议的任何变更均须双方协商后由双方签署书面文件才能正式生效，并应作为本协议的组成部分，协议内容以变更后的内容为准。若双方对协议内容进行两次以上变更，以最终变更内容为准。

10.2 具有下列情形之一的，一方可书面通知另一方解除协议，协议自通知送达对方之日解除，甲方已收取的款项应当在协议解除后____个工作日内退还乙方（包括但不限于已付款孳生的利息），除此之外双方均不再承担其他任何责任。

10.2.1 因不可抗力事件致本协议无法履行，或者自不可抗力时间发生日起30日内无法恢复履行的。

10.2.2 非因甲乙任何一方过错，在申请提交有关行政部门后30日内仍无法获得批准、核准或者无法办理工商变更登记，致使本协议无法履行的。

10.3 协议解除后，双方在本协议项下的权利、义务终止。

10.4 若在本协议终止前由于一方违约致使另一方遭受损失，另一方仍有权提出索赔，不受本协议终止的影响。

11. 不可抗力

11.1 不可抗力包括下列情况。

11.1.1 宣布或未宣布的战争、战争状态、封锁、禁运、政府法令，直接影响本次股权转让的。

11.1.2 直接影响本次股权转让的骚乱、丙方员工罢工或暴动。

11.1.3 直接影响本次股权转让的火灾、水灾、台风（飓风）、海啸、地震以及其他自然因素所导致的事件。

11.1.4 各方同意的其他能够直接影响本次股权转让的不可抗力事件。

11.2 若发生不可抗力事件，履行本协议受阻的一方应以最便捷的方式毫无延误地通知对方，并在不可抗力事件发生的三天内向对方提供该事件的详细书面报告。受到不可抗力影响的一方应当采取所有合理行为消除不可抗力的影响及减少不可抗力给对方造成的损失，各方应根据不可抗力事件对履行本协议的影响程度，决定是否终止或推迟本协议的履行，或者部分或全部地免除受阻方在本协议中的义务。

12. 争议解决

12.1 双方因履行本协议发生任何争议，应本着友好协商的原则协商解决；若协商未果，应向__方所在地人民法院提起诉讼。

12.2 本协议的有效性、解释、履行和争议解决等事宜应符合中华人民共和国现行法律、行政法规、规章及相关强制性规定。

13. 其他条款

13.1 本协议期限从双方签字盖章之日起至丙方工商注册登记等手续变更到乙方名下，且本协议相应的权利、义务全部履行完毕之日止。

13.2 本协议所有附件都是本协议的一部分，与本协议具有同等法律效力。

13.3 本协议一方对对方的任何违约及延误行为给予宽限或延缓，不能视为该方对其权利和权力的放弃，也不能损害、影响或限制该方依据本协议和有关法律法规应享有的一切权利和权力。

13.4 如果本协议的某个或多个条款依我国法律法规被认定为非法、无效或不可执行，该无效条款的无效、失效和不可执行不影响也不损害其他条款的有效性、生效性和可执行性。本协议各方应停止履行该无效、失效和不可执行之条款，并在最接近该条款原意的范围内诚信协商进行修正。

13.5 本协议未做约定或约定不明确的，双方可签订补充协议予以补充，补充协议与本协议具有同等法律效力；补充协议与本协议有冲突的，以补充协议为准；多份补充协议存在冲突的，以最后补充协议的约定内容为准。

13.6 本协议规定一方向他方发出的通知或书面函件（包括但不限于本协议项下所有要约、书面文件或通知），均应通过书面递交、专递信函、传真、电子邮箱、微信、短信等方式送交相应一方。通知在下列日期视为送达。

13.6.1 挂号信邮递：发出通知一方持有的挂号信回执所示日。

13.6.2 传真：收到回复码或成功发送确认条后的下一个工作日。

13.6.3 特快专递：以收件人签收日为送达日，非因不可抗力事由导致收件人未签收的，以寄出后第三个工作日为送达日。

甲方指定送达地址为：＿＿＿＿＿＿＿＿＿＿＿＿＿＿

乙方指定送达地址为：＿＿＿＿＿＿＿＿＿＿＿＿＿＿

13.6.4 电子邮箱：电子邮箱送达的，从邮件发出之日视为送达日。

甲方的电子邮箱：＿＿＿＿＿＿＿＿＿＿＿＿

乙方的电子邮箱：＿＿＿＿＿＿＿＿＿＿＿＿

13.6.5 微信：微信送达的，从信息发出之日视为送达日。

甲方的微信：＿＿＿＿＿＿＿＿＿＿＿＿

乙方的微信：＿＿＿＿＿＿＿＿＿＿＿＿

13.6.6 短信：短信送达的，从信息发出之日视为送达日。

甲方的手机号：＿＿＿＿＿＿＿＿＿＿＿＿

乙方的手机号：＿＿＿＿＿＿＿＿＿＿＿＿

13.7 本协议各方均确认其充分知晓并理解本协议中全部条款的实质含义及其相应的法律后果，并基于此种理解签署本协议。

13.8 本协议正本一式四份，甲乙丙三方各执一份，提交公司登记机关备案一份，具有同等法律效力，如果其他部门登记或备案的与本协议不一致的以本协议为准。

13.9 本协议经双方法定代表人签字并加盖公章之日起生效。

14. 附件

14.1 丙方的资产及其构成（附件一）。

14.2 甲乙双方及丙方有效营业执照（附件二）。

14.3 甲方股东会决议（附件三）。

14.4 乙方股东大会决议（附件四）。

14.5 丙方股东会决议（附件五）。

（以下无正文）

（本页为签字页，无正文）

甲方（盖章）：　　　　　乙方（盖章）：　　　　　丙方（盖章）：

法定代表人（签字）：　　法定代表人（签字）：　　法定代表人（签字）：

　　年　月　日　　　　　　年　月　日　　　　　　年　月　日

> **范本使用指南：**
>
> 很多时候股权激励因为涉及的人员较多，公司或者创始人不愿将全部员工登记到公司登记机关，让外界看起来公司股权结构比较简单、明了。也可能出于对公司控制权的考虑，也有可能是为了隔断激励对象与公司之间的直接联系等因素，按照预订想法需要给激励对象股权，让其能够获得分红权利，实际就是给予激励对象股权。但如果创始人还希望牢牢掌握控制权，也防止激励对象出现暂时的不稳定或者其他问题，就会采取股权代持的方式。
>
> 股权代持的方式一般是由公司的创始股东或者核心管理层或者专门成立一个持股平台作为代持人，用于代持激励对象的股权；又因为激励对象不是直接持股，就需要在代持协议中约定好相关的分红的条款、权利行使的条款、知情权行使的方式以及流程等。

股权代持协议书

甲方（委托方）：石家庄××企业管理咨询中心（有限合伙）
统一社会信用代码：
住所：
执行事务合伙人：石家庄××设备有限公司
电话：

乙方（受委托方）：
公民身份号码：
地址：
电话：

甲乙双方本着诚实信用、互利互惠、公平自愿的原则，经友好协商，签署本协议，以资双方共同遵守执行。

第1条　委托内容

1. 截至本协议签署之日，甲方合法持有石家庄××设备有限公司＿＿％的股权。

2. 甲方愿意委托乙方依法代为持有石家庄××设备有限公司＿＿％的股权，并代为行使相关股东权利。

3. 甲方将其持有的石家庄××设备有限公司的股权委托乙方代理后，甲方仍保留对该等股权的处置权和收益权，其他股东权利则全部由乙方代为行使。

第二条 委托代理权限

1. 乙方接受甲方的股权代理后，有权根据《中华人民共和国公司法》、石家庄××设备有限公司章程及本协议的有关规定行使除股权处置权和收益权外的一切股东权利，包括但不限于出席或委派代理人出席股东大会权、投票表决权、质询查阅权、提案权、取得分红、增加注册资本时优先认购权的行使权、股东转让股权优先受让权等股权的全部权利。

2. 在代理期限内，乙方应定期或不定期地以书面形式向甲方通报其行使股东权利的有关情况。

第三条 委托代理期限

甲方委托乙方代持股权的期间自本协议生效开始，至甲方将其股权转让给公司或第三人时终止。特别情况下甲方可以根据情况终止委托代理协议。

第四条 特别约定

1. 乙方不可依其自身的意志行使有关股东权利，但须保障该股权保值增值；甲方有权对乙方行使该等股权的行为进行必要的监督。

2. 未经甲方书面同意，乙方不得以任何理由、任何方式处置（包括但不限于转让、划转、质押、委托行使股权等）本协议项下的甲方股权。

3. 在特别情况或甲方书面同意的情况下，乙方可代为收受因代持股权所产生的任何收益（包括现金股息、红利或任何其他收益分配），但应在获得该等收益后5日内将该等收益划入甲方指定的银行账户。

甲方指定账户信息如下：

开户名：

开户行：

银行账号：

4. 乙方应统一行使甲方委托的股东权利，不得将该等股权分割为若干部分委派一个以上的代理人分别行使。

第五条 承诺与声明

1. 甲方声明，其合法拥有的石家庄××设备有限公司股权，在本协议签署之日该等股权未委托他人行使，亦无任何质押、冻结等限制股权行使的情形。

2. 乙方承诺，将根据《中华人民共和国公司法》《中华人民共和国证券法》以及石家庄××设备有限公司章程及本协议的有关规定，行使有关股东权利，维护该等股权权益，对其权益的安全完整负责。

第六条　保密条款

协议双方对本协议履行过程中所接触或获知的对方的任何商业信息均有保密义务，除非有明显的证据证明该等信息属于公知信息或者事先得到对方的书面授权。该等保密义务在本协议终止后仍然继续有效。任一方因违反该等义务而给对方造成损失的，均应当赔偿对方的相应损失。

第七条　协议的变更或终止

1. 有下列情形之一时，本协议将予以变更或终止：

（1）甲乙双方协商一致时；

（2）本协议约定的股权托管期限届满时；

（3）因不可抗力致使本协议无法履行时。

2. 若乙方的行为严重损害该等股权权益，且拒不纠正时，甲方可依法解除本协议。

第八条　违约责任

任何一方违反其在本协议项下的任何责任与义务，即构成违约。违约方应向守约方全面、足额地承担实际损失的赔偿责任。

第九条　争议的解决

1. 凡因本协议发生的一切争议或与本协议有关的一切争议，双方应友好协商解决。如果协商解决不成，任何一方均可向甲方所在地人民法院提起诉讼。

2. 诉讼进行期间，除涉讼的争议事项或义务外，双方均应继续履行本协议规定的其他各项义务。

第十条　附则

1. 本协议未尽事宜，由甲乙双方另行协商解决，或以国家有关规定执行。

2. 本协议一式二份，甲乙双方各执一份，均具有同等法律效力。

甲方（委托方）：　　　　　　　　乙方（受委托方）：

　　年　月　日　　　　　　　　　　年　月　日

> **范本使用指南：**
>
> 　　进行股权代持的时候，代持人与被代持的股东之间不仅仅要签署代持协议，为了工作方便以及一些细节不方便透露出去，也需要签署专门的股东授权委托书，在授权书中写清楚受托人的权限，处理的事项等。
>
> 　　股东授权委托书不仅仅出现在股东代持的关系中，有的激励对象即便是注册股东也可以持有，由于激励对象很多，会导致股东很多，为了管理方便，也为了核心创始人掌握公司的控制权，会让一些小股东或者激励对象签署一些股东授权委托书，通过授权的方式将权利让渡为公司的创始人或者指定的人员，创始人代表小股东或者激励对象就可以行使更多份额、比例的股东权利了。

股东授权委托书

委托人：石家庄 ×× 企业管理咨询中心（有限合伙）

统一社会信用代码：

受委托人：

公民身份证号：

委托人委托受托人作为单位的合法代理人，委托受托人代表本单位行使享有的石家庄 ×× 设备有限公司的股权东权利（包括但不限于：参与股东会、取得分红等），并代表委托人参与该公司的经营，代表委托人签署相关文件。

委托人对其在与石家庄 ×× 设备有限公司的相关事项上签署的文件均表示认可，并承担相应的法律责任。

授权期限：____年__月__日起至___年__月__日，期限到期前另行签署新的委托书。未签署，但继续履行委托事宜且委托人未书面向其他股东及石家庄 ×× 设备有限公司明确终止委托书事宜的，委托行为继续有效，但需要及时补签新的委托书。

委托书需要备存于石家庄 ×× 设备有限公司。

委托人：　　　　　　　　受托人：

　　　　　　　　　　　　　　　　　　　年 月 日

范本使用指南：

　　股权激励的股权来源很关键，有的是创始人让渡，有的是公司成立的时候就有了股权池，有的是其他股东退出，也有的是通过增值方式进行。那么方式确定后，也关系到激励对象如何获得，是确定一个优惠价格后由激励对象自己真金白银的去购买，还是大股东、创始人、公司赠予呢？每个企业不同阶段一般也会采取不同的方式。这个范本是给大家介绍一下通过设定一定的条件后，通过股权赠予的方式赠予激励对象。采用赠予方式的可以参照本范本。

　　因为是无偿赠予或者符合条件的进行赠予，就需要在协议书中写明条件以及可以撤销的情形。股权转让既然无偿那么涉及的税费如何承担也需要进行特别的约定，还有就是建议写明双方违约的责任等条款。

股权赠予协议

　　甲方（赠予方）：　（持股平台，以工商局最终核准名称为准）
　　证件号：
　　地址：

　　乙方（受让方）：
　　身份证号：
　　电话：
　　地址：

鉴于：

1. 甲方系一家依据中华人民共和国法律设立并有效存续的有限公司。

2. 乙方系依法享有民事权利能力和民事行为能力、能够独立承担民事责任的自然人。

　　据此，协议双方在公正、公平、自愿、诚信的基础上，经友好协商，依据《中华人民共和国公司法》《中华人民共和国合同法》等相关法律、行政法规以及其他相关规定，本着自愿、平等、公平、诚实信用的原则，经协商一致，达成如下协议，以共同遵守：

第一条　合同内容

非上市企业之股权激励

1. 甲方系依法成立的（有限责任/股份）公司，截至本协议签署之日，甲方的注册资本为___万元人民币。

2. 甲方拟投资企业如下：

名称：

统一信用代码证：

法定代表人：

具体投资时间、投资方式等内容应遵循不影响拟直接或间接投资企业正常经营及上市为前提。

3. 拟投资企业上市后 2 年内，甲方须对拟投资企业进行股权投资，不论拟投资企业当期股价是多少，乙方都将享有以人民币___的价格购入拟投资公司上市前的股权（股权价格以上市前最后一次增资或者股权转让价格为准，如上市前未发生增资或者股权转让，则以上市后第一次定向增资价格为准），购买金额如果存在差额，由甲方负责出资支付差额部分，乙方享有股东权利。

4. 拟投资企业上市后，甲方须对拟投资的企业进行股权投资，不论拟投资企业当期股价是多少，甲方都将购入拟投资公司上市前价值___元的股权赠予乙方（股权价格以上市前最后一次增资或者股权转让价格为准，如上市前未发生增资或者股权转让，则以上市后第一次定增价格为准）。

第二条　股权转让的费用负担

股权转让全部费用（包括手续费、税费等），由甲乙双方各自承担。

第三条　协议的变更与解除

3.1 在公司办理股权转让变更登记前，发生下列情况之一时，可变更或解除协议，但双方必须就此签订书面变更或解除协议：

3.1.1 由于不可抗力或由于一方当事人虽无过失但无法防止的外因，致使本协议无法履行。

3.1.2 一方当事人丧失实际履约能力。

3.1.3 由于一方或双方违约，严重影响了守约方的经济利益，使协议履行成为不必要。

3.1.4 因情况发生变化，经过双方协商同意变更或解除协议。

第四条　违约责任

本协议对签订的双方具有平等的法律效力，若任何一方未能履行其在本协议项下的义务或保证，除非依照法律可以免责，违约方应向守约方全面、足额地承担实际损失的赔偿责任。

第五条　保密

5.1 双方对于本合同以及与本合同有关的事项承担保密义务，未经另一方书面同意，一方不得将本合同的任何有关事项向除本合同以外的第三方披露，但是因以下情况所进行的披露除外：

5.1.1 乙方按照法律法规进行的披露。

5.1.2 向在正常业务中所委托的审计、律师等工作人员进行的披露，但前提是该等人员必须对其在进行前述工作中所获知的与本合同有关的信息承担保密义务。

5.1.3 该等资料和文件可由公开途径获得或者该资料的披露是法律法规的要求。

5.1.4 向法院或者根据任何诉前披露程序或类似程序的要求，或根据所采取的法律程序所进行的与本合同有关的披露。

5.1.5 乙方根据监管机构的要求，向监管机构进行的披露。

5.2 本条约定在本合同终止后仍然有效。

第六条　争议的解决

6.1 与本协议有效性、履行、违约及解除等有关争议，各方应友好协商解决。

6.2 如果协商不成，则任何一方均可向甲方所在地人民法院起诉。

第七条　法律适用

7.1 本协议及其所依据之相关文件的成立、有效性、履行和权利义务关系，应该适用中华人民共和国法律进行解释。

7.2 本协议未尽事宜，可由双方另行协商确定，并签订补充协议。经双方签署的补充协议具有同等的法律效力。也可依照《中华人民共和国公司法》《公司登记管理条例》等法律、法规、规章的有关规定执行。

第八条　不可抗力

8.1 "不可抗力"是指本合同双方不能合理控制、不可预见或即使预见亦无法避免的事件，该事件妨碍、影响或延误任何一方根据本合同履行其全部或部分义务。该事件包括但不限于地震、台风、洪水、火灾、瘟疫、其他天灾、战争、政变或其他类似事件，法律法规政策的变动及政府行为不属于不可抗力。

8.2 如发生不可抗力事件，遭受该事件的一方应立即用可能的快捷方式通知另一方，并在 15 日内提供证明文件说明有关事件的细节和不能履行或部分不能履行或需延迟履行本合同的原因。双方应在协商一致的基础上决定是否延期履行本合同、终止本合同，并达成书面合意。

第九条　其他

本协议由双方于＿＿年＿月＿日在河北省石家庄市订立。

本协议正本一式三份，甲方执二份、乙方执一份，每份正本具有同等法律效力。

本合同未尽事宜，甲乙双方可另行达成书面协议，作为本协议附件。本协议的任何附件、修改或补充均构成本协议不可分割的组成部分，与本协议具有同等法律效力。

（以下无正文）

甲方：（签章）

签署日期：_____年__月__日

乙方：（签章）

签署日期：_____年__月__日

范本使用指南：

　　股权激励一般首先激励的对象都是公司的核心层，主要是一些高级管理人员、骨干以及核心销售人员。

　　因此不能仅仅按照普通的劳动合同对待，需要专门制定一份针对激励对象范围的高级管理人员聘用协议书，需要对一些敬业条款、竞业条款、专项培训条款以及不正当竞争情况以及离职、调岗情况进行一些有针对性的约定。每份协议建议都不能笼统的套用，需要针对不同的人签署不同的协议，即便不能做到每人一份，也要尽量做到相同岗位、层级一份。

高级管理人员聘用协议书

甲方：

统一社会信用代码：

地址：

电话：

邮箱：

微信：

乙方：

身份证号码：

地址：

电话：

邮箱：

微信：

　　因工作需要，甲方聘用乙方为甲方工作，为此双方根据《中华人民共和国民法通则》《中华人民共和国合同法》等相关法律法规，经过平等、自愿协商，签订本协议，共同遵守本协议所列条款。

第一条　甲方聘任乙方担任　　　　　　　　　职务（工作）。

第二条　聘用期限为___年，自_____年__月__日至_____年__月__日止。

第三条 甲方享有的权利和承担的义务

（一）甲方应在协议期内为乙方提供必要的工作条件。

（二）甲方在乙方严格按协议完成工作后，必须按时以现金的方式支付乙方的劳动报酬。

（三）甲方有权对乙方在聘任期间的工作业绩和实际表现实施专业管理，并有权进行考核。

第四条 乙方享有的权利和承担的义务

（一）乙方有权获得劳务报酬和期权。

（二）乙方有权对甲方提出建议和意见。乙方应结合甲方需求认真履行本协议约定的义务，遵守甲方的劳动纪律及各项规章制度，按时、按质、按量完成甲方安排的工作任务。

（三）乙方在公司的工作时间为（　　　　　　　　　　　　　　）。

（四）乙方在受聘期间以及聘用协议解除或终止后对公司技术资料、成果及其获悉的其他商业秘密承担保密义务，不得在未经甲方允许的情况下泄露给他人或甲方的竞争单位。

（五）乙方受聘于甲方后，原则上不应再为其他企业提供服务，如遇极其特殊的情况需要为第三方服务时，应提前告知甲方并征得甲方同意。

第五条 其他约定

1.甲方支付乙方劳务报酬及期权方式、时间、标准

（1）甲方于每月 15 日前以银行转账形式支付乙方上一个月的劳务报酬。如遇节假日或休息日，甲方应依据实际情况尽力协调前后日期支付。

（2）乙方劳务费标准为：＿＿＿元／月

（3）乙方工作满＿＿个月后，符合公司的考核要求，甲方则授予乙方＿＿＿有限公司的期权作为对乙方的奖励，具体授予比例、方式和行权条件详见公司《股权激励方案》，另行签订《期权授予协议书》。

2.乙方由于健康或因其他方面的原因不能胜任所聘职务（工作）时，甲乙双方可协商解除协议而不承担任何责任。

第六条 发生下列情形之一，本协议终止：

1.本协议期满的；

2.乙方超过 15 天未到甲方工作事前又未取得甲方同意的；　本条第 2 项的情形需一方以书面形式通知另一方后方能终止。

第七条 除本协议第五条第 3 项所述解除协议的情形外，甲乙双方若需单方面解除本协议，需提前一个月通知另一方。

第八条 本协议终止、解除后，乙方应在 7 日内将有关工作向甲方移交完毕，并由双方在交接清单上签字。若乙方未按本协议的约定同甲方进行工作交接，因此给甲

方造成损失的，应予赔偿。

　　第九条　依据本协议第五条第3项、第六条、第七条的约定终止或解除本协议，双方互不支付违约金及任何形式的补偿。

　　第十条　本协议首部甲、乙双方的通信地址为双方寄送相关文件、通知的唯一固定通信地址。若其中一方通信地址发生变化，应立即书面通知另一方。未书面通知对方的，对方可视为未变更，由此造成的不利法律后果，由未尽通知义务的一方承担。

　　第十一条　因本协议引起的或与本协议有关的任何争议，双方可先进行友好协商，协商不成的，任何一方均可向甲方所在地人民法院起诉。

　　第十二条　本协议条款未尽事宜，可由双方协商一致后签订补充协议，与本协议具有同等效力。

　　第十三条　甲乙双方在本协议签订之前签订的所有用人合同、协议自本协议签订之日起自动废止。

　　第十四条　本协议自双方签字盖章之日起生效。

　　第十五条　本协议一式两份，甲乙双方各执一份，具有同等的法律效力。

　　甲方（盖章）：　　　　　　　　　　乙方（签字）：

　　签订日期：　　　　年　月　日

范本使用指南：

　　因为本书介绍的是一些非上市公司的股权激励，在做股权激励的过程中可能因为创始人对控制权的考虑，也可能是因为其他因素，成立一些持股平台，或者发生一些股权代持行为等。这样就会导致激励对象的股东权利受到了限制，作为补偿会做成一些优先股的形式。优先股就是有别于其他普通股权，优先股可以在一定条件下优先分红，但是在权利方面有一定的限制条款。如何限制、如何分红、权利如何行使等条款需要在协议中明确列明。为了保证条款的严格执行、并能够得到确实的落实，也需要目标公司进行担保给予确认，本范本仅供参考。

河北 ×× 有限公司优先股协议书

甲方（出售方）：
统一社会信用代码：
注册号：
地址：
联系电话：
电子邮箱：

乙方（购买方）：
身份证号码：
地址：
联系电话：
电子邮箱：

丙方（目标公司）： 河北 ×× 有限公司
注册号：
地址：
联系电话：
电子邮箱：

鉴于：

1. 甲方系丙方的股东，持有丙方＿＿＿%的股权；

2. 乙方系依法享有民事权利能力和民事行为能力、能够独立承担民事责任的自然人或法人；

3. 甲方系一家依据中华人民共和国法律设立并有效存续的有限公司。

据此，协议三方在公正、公平、自愿、诚信的基础上，经友好协商，依据《中华人民共和国公司法》、《中华人民共和国合同法》等相关法律、行政法规以及其他相关规定，现甲方决定将所持有的公司10%股权按照本协议规定的条件转让给乙方。甲乙丙三方本着自愿、平等、公平、诚实信用的原则，经协商一致，达成如下协议，共同遵守：

第一条　转让标的、转让价格与付款方式

每股 RMB：1 元，转让价 RMB：1 元，乙方共购买＿＿股，RMB：＿＿＿＿元（大写：＿＿＿人民币）。（二十万股起售，以 RMB：100000 元的倍数递增）。

第二条　乙方的权利：

1. 乙方的股权为优先股权。

2. 在分配公司利润时可先于普通股且以约定的比率实际出资金额年化＿10＿%进行红利优先分配，后普通股股东才能参与红利分配，普通股股东分红也达到实际出资金额＿10%后，所有股东再按出资比例进行分配。

3. 当股份有限公司因解散、破产等原因进行清算时，优先股股东在其出资范围内可优先于普通股股东分取公司的剩余资产。

4. 优先股股东一般不享有公司经营参与权，即优先股股票不包含表决权，优先股股东无权过问公司的经营管理，但在涉及优先股所保障的股东权益时，优先股股东可以发表意见并享有相应的表决权。

5. 优先股股票在上市股改时转为普通股，每一股优先股转一股普通股。

第三条　募集资金用途

募集资金主要用于系统建设与推广，公司日常运营等。

第四条　分红时间

分红时间为：每年 3 月 30 日前分红。

第五条　优先股持股方式

乙方购买支付资金后，甲方开具收款收据，丙方发放优先股股权证，并记载于股东名册中。

第六条

丙方为了公司业务发展需要及实现股东价值最大化需要，可对乙方的持股方式进行相应调整（调整方式包括但不限于直接持股或间接通过持股平台进行持股）乙方应予配合，不得拒绝。

第七条　违约责任

本协议对签订的各方具有平等的法律效力，若任何一方未能履行其在本协议项下的义务或保证，除非依照法律可以免责，违约方应向守约方全面、足额地承担实际损失的赔偿责任。

第八条　争议的解决

1. 与本协议有效性、履行、违约及解除等有关争议，各方应友好协商解决。

2. 如果协商不成，则任何一方均可向甲方所在地人民法院起诉。

第九条　法律适用

本协议及其所依据之相关文件的成立，有效性，履行和权利义务关系，应该适用中华人民共和国法律进行解释。

本协议未尽事宜，可由三方另行协商确定，并签订补充协议。经三方签署的补充协议具有同等的法律效力。也可依照《中华人民共和国公司法》、《公司登记管理条例》等法律、法规、规章的有关规定执行。

第十条　协议签订的时间及地点

本协议由三方于 2017 年＿＿月＿＿日在河北省石家庄市订立。

第十一条　协议生效的条件

本协议自签订之日起生效。

第十二条　本协议正本一式三份，甲、乙、丙三方各执一份，每份正本具有同等法律效力。

第十三条　本协议及相关补充协议与公司章程不一致的，以本协议及相关补充协议为准。

　　　　　（本页无正文，为河北 ×× 有限公司股权转让协议之签署页）

甲　方：

公章：

法人代表：

签署日期：　　　年　月　日

乙　方：

公章：

法人代表：

签署日期：　　　年　月　日

丙　方：河北××有限公司

公章：

法人代表：

签署日期：　　　年　月　日

范本使用指南：

　　一般的股权激励我们都是主张需要激励对象出资购买的，那么在进行股权激励过程中另一个关键问题就是需要解决激励对象购买股权的资金来源问题，有的需要激励对象自己筹措资金，有的是帮助激励对象从银行进行借款（公司提供担保），有的则是由公司或者大股东提供资金。

　　根据资金来源的不同，签署的法律文件也是有所区别的。《股权激励民间借贷合同》范本主要是用于由公司或者大股东为激励对象提供资金用于支付股权激励的购买款项或者是保证金。

　　这样的借贷，一般情况是公司或者是大股东出于激励对象资金压力方面的考虑。有考虑如果赠予激励对象股权，不让其自己购买又会导致不珍惜，也没有压力；如果股权给了激励对象，激励对象虽然没有自己出资，但是也要承担一定的负债可能性，这样最起码会给激励对象一定的压力，让激励对象更珍惜获得的股权，让其更积极地参与公司经营。

　　因为是结合了股权激励方案，这样公司或者大股东在出借给激励对象资金的情况下，一般是不要求支付利息的；但是不支付利息也是有条件的，如果激励对象违反了股权激励方案，例如未满服务期而离职的、严重违纪被公司辞退的、在外经营同业竞争业务的，有违反股权激励方案或者损害公司利益的情形的，就会要求这笔借款支付高额利息，最高利息一般也会约定到年化利率百分之二十四。也就是说借款有利息，只是附条件的免除了利息，但是如果违反股权激励方案或者损害公司利益就会正常收取利息，并且还会要求支付借款本金。

　　借款本金的归还，一般情况下是从激励对象从公司获得的提成、分红中扣除，如果没有盈利又没有违反股权激励方案，这样就只能等到公司有了分红且可以分给激励对象的时候再归还即可。但是，跟利息约定的是一样的，如果出现违反股权激励方案或者损害公司利益的情形的，公司可能会要求借款提前到期，要求激励对象（借款人）及时归还借款本金及利息。

　　这样的民间借贷行为有别于普通的民间借贷合同，需要将特殊的一些情况结合股权激励方案进行特殊的约定，也要和股权激励方案保持一致。上述利息及本金的特殊约定仅仅是一种情况，具体实施时还需要结合具体的方案进行个性化设计、特殊约定。

股权激励民间借贷合同

编号：

甲方（出借人）：
身份证号码：
联系地址：
联系电话：

乙方（借款人）：
身份证号码：
联系地址：
联系电话：

丙方（目标公司）：
统一社会信用代码：
联系地址：
联系电话：

鉴于：

甲方是丙方的创始股东，经丙方董事会及股东会同意对乙方进行股权激励，甲方自愿出借款项给乙方，用于支付股权转让款。

甲、乙、丙各方根据《中华人民共和国合同法》《中华人民共和国民法通则》等法律、法规的有关规定，本着平等、自愿、诚信的原则，就借款事宜，为明确责任，恪守信用，经各缔约人协商一致签订本合同，并保证共同遵守。

1. 借款金额

乙方向甲方借款金额为人民币_____万元

（大写：_____万元整）。

2. 借款用途

借款用途为：支付参与丙公司股权激励的转让款。

3. 借款期限和形式

乙方以从丙方获得的分红偿还甲方的借款，甲方有权直接从丙方处扣划／支取，直至还清甲方全部欠款为止；除了丙公司的分红外，甲方不得要求乙方以其他资金偿还该笔借款。

4. 借款利率和计息方式

本借款为无息借款。

5. 债权债务的转让

在本合同履行期间，甲方可将其在本合同项下的权益转让给第三人，但应书面通知乙方，乙方必须继续履行本合同的责任和义务，未征得甲方的书面同意，乙方不得将其在本合同项下的任何义务转让给第三人。

6. 合同争议解决方式

本合同在履行中如发生争议，应协商解决，协商不成可向甲方所在地人民法院提起诉讼。

7. 合同效力

合同项下所有与本合同当事人签署的附件均为合同组成部分，与本合同具有同等法律效力。

本协议未尽事宜，可另行协商，达成书面协议与本合同具有同等效力，与本合同冲突之处以新的补充协议为准。

8. 账户信息

甲方需将款项直接支付到乙方指定账户，开户行：_____，户名：_____，账号：_____。

乙方支付利息和归还本金需汇款到甲方指定账户，开户行：_____，户名：_____，账号：_____。

9. 合同份数

本合同一式__份，甲方、乙方各执一份，具有同等法律效力。

甲方：

乙方：

丙方：

时间：_____
地点：_____

范本使用指南：

股权激励分为对内、对外两种。对内的股权激励方案，主要是针对公司内部核心管理人员、高管、销售以及生产的骨干人员。除此之外股权激励方案还可以针对公司外部人员进行激励。泸州老窖对经销商的激励就是比较典型的成功案例。

现在很多人做生意都在做渠道，找一些合伙人、加盟商、代理商等作为加盟商，这些加盟商是很有资源的，可以给你创造很大的价值。当然也正是因为他们有价值，很多公司也会去争取他们，去争夺这块资源；有的加盟商也可能同时经营或者服务不同的公司，虽然他们拥有资源优势，但是如果代理的产品太多，就会导致分摊到本公司的精力变少，倾斜的资源变少。

所以想要让这些加盟商跟本公司一条心，也是需要激励的。如果他们的收入与本公司的收入绑定到一起，他们因为公司业绩的提升能得到超额的回报，除了提成奖励以外还有分红，这样可能将本公司的生意作为他的事业，也可能会成为唯一的事业，这样就更加紧密，更有利于公司的整体发展。

该范本也是作者为一家企业服务过程中制作的方案，经过修改后提供给大家。

对外的股权激励方案，需要跟对内的股权激励方案有所区别，因为对象不一样，奖励方式也不一样，持股的方式也不一样，紧密度也不一样，股权激励方案必然不一样。对外的股权激励方案侧重点主要是要考虑是否做成标准可以复制的方案，也就是说对已经成为加盟商的可以适用，对后来的加盟商也可以适用，这就需要进行特别考虑了。一般的是做成了一种招商制度，对于只要符合条件的加盟商都可以参与进来，但是可能会有一个截止的时间或者说有一定的名额限制，先到先得。

由于对象都是加盟商，都是"商"，就和我们内部员工的属性不一样，就需要考虑他们持股的方式，以及持股方式是否采用动态变化的方式，还有他们资金来源的问题，这些都需要进行特别考虑。与内部股权激励的方案、方式可能不一样，有可能还是相反的，例如持股方式可能是公司入股到各个加盟商中，然后各个加盟商再反向入股公司，或者等到公司头上市、股改的时候进行调整，调整的方案以及方式需要提前制定出来。

对于合作关系的终止、解除也要进行特殊的约定，并考虑到如果加盟商商业信誉明显下降，后期经营能力下降的处理办法。

对他们的股东权利：选举与被选举的权利、分红权利以及资产分配的权利、行使的流程要进行明确，以免被竞争对手或者别有用心的人利用，套取公司经营方针、策略、金融财务等商业秘密，从而影响公司经营。

河北 ×× 有限公司股权激励方案
（对外方案）

第一章 总则

  第一条 为进一步调动 ×× 创业合伙人、线下店、城市运营商、股权投资者等各类加盟商（人员）的积极性，增强企业凝聚力，增强加盟商（人员）对 ×× 长期发展的关切度和参与度，同时也使加盟商（人员）能够分享企业成长带来的收益，形成企业外部的激励机制和监督机制，依照《中华人民共和国公司法》《中华人民共和国证券法》《中华人民共和国合同法》等国家法律、法规，河北 ×× 有限公司（以下简称"××"）特制订本激励计划。

  第二条 实施股权激励计划的目的

  1. 倡导以价值创造为导向的绩效文化，建立股东与加盟商（人员）之间利益共享、风险共担机制。

  2. 从长期来看，股权激励计划应该能够支撑 ×× 实施资本运作的战略需要；从短期来看，股权激励的实施可以促进 ×× 销售规模的快速增长、迅速开拓及占领市场。

  3. 引导外部加盟商（人员）关注短期目标与长期目标的平衡，吸引与保留优秀的外部加盟商（人员）。

  4. 增加 ×× 与外部加盟商（人员）的稳定性，促进长期、稳定、良好的合作关系。

  5. 鼓励并奖励业务创新和变革精神，增强 ×× 的核心竞争力。

  第三条 股权激励计划的设计原则

  1. 优化股份结构，同时使激励对象能够分享 ×× 成长带来的收益的原则。

  2. 着眼于 ×× 长期发展战略的原则。

  3. 针对不同类型的外部加盟商（人员）进行分层分级的原则。

  4. 实现激励与约束相对称的原则。

  5. 坚持公平、公正的原则。

第二章 获得股权激励的条件以及激励对象

  第四条 加盟商（人员）获授激励股权的基本条件

  1. 认同 ×× 的发展战略和价值观，承诺自愿遵守本计划规定的所有条款及配套文件。

  2. 符合 ×× 要求的城市运营商加盟条件。

3. 与 ×× 正式签署合作协议（电子版与纸质版均可）。

4. 同意签署《股份授予协议书》。

第五条 激励对象组织形式、内部分类及占股比例

激励时采用股份制公司间接接受 ×× 股权激励并持股的形式，每个区域设立一个运营公司，运营公司同时作为股权激励的持股平台，每个持股平台内部组织结构及占股比例如下：

1. 公司发起人： 该城市运营公司发起的运营商（省级运营商、市级运营商、县级/区级运营商）占股比例：＿＿＿%

2. 创业合伙人： 实际授予数量：＿＿＿人，合计占股比例：＿＿＿%

3. 股权投资者： 该类总体投资金额为＿＿＿万，占股比例：＿＿＿%

4. 线下店（智慧生活馆）： 数量：＿＿＿个，占股比例：＿＿＿%＿＿＿＿＿＿城市运营商、创业合伙人、股权投资者、线下店的定义详见 ×× 的招商政策，总体股东人数不超过200 人。

第三章 股权激励方案

第六条 激励股授予数量

参照 ×× 目前的财务状况及预期战略规划，×× 的注册资本为 20000 万元。为了方便统计和计算，现将 ×× 总股本虚拟设定为 20000 万股。计划提取总股本的20% 用于 ×× 外部加盟商（人员）的激励；其中，10%（2000 万股）用于本次股权激励，剩余的 10%（2000 万股）预留做后期的股权激励。

本次激励城市运营商的数量为 10 家，采用先到先得的方式。股权激励方案中每个城市运营商分别授予 1%（200 万股）的期股。

第七条 激励股来源及持股方式

由 ×× 创始股东＿＿＿＿＿＿无偿提供认缴的股份（股权）。

持股方式开始为城市运营商法人直接代为持股，根据发展逐步转化为股份公司持股方式。

具体的持股方式 ×× 可以根据具体发展需要（包括但不限于：上市、挂牌等），结合当时有效的法律、政策进行相应的调整。

第八条 激励股价计算方法

1. 初始股价为： 1 元 / 股，该价格为激励对象的认购价格。

2. 激励期内每年股价主要根据 ×× 净利润实现情况及分红比例予以确定：

当年股价 = 上年股价 + 当年净利润 ×（1− 当年分红比例）÷ ×× 总股本

受激励对象完全行权后按照此价格为股份转让的参考标准。

测算示例：

例如，×× 总股本为 20000 万股，2018 年激励对象 a 认购的 ×× 股价为 1 元 / 股，

若 2018 年实现的净利润为 5000 万元，当年分红比例为 40%，则 2018 年底 ×× 股价 = 1+5000（1-40%）÷20000=1.15 元 / 股。

第九条 激励股的权利

1. 分红权。 激励对象按所持的股份数量享受 ×× 的分红，分红方式为：

激励对象所获红利 =×× 当年净利润 × 分红比例 ÷×× 总股本 × 激励对象所持股份数量

分红比例由 ×× 董事会根据当年 ×× 经营情况及未来战略规划而定（浮动区间为 20% ~ 60%），运营公司得到分红后应当按照 ×× 公司制定的分红政策执行，如果运营公司内部有不同于 ×× 的分红方式，需要经过运营公司股东会通过后并书面向 ×× 进行申请并经过 ×× 同意后方可实行，否则 ×× 有权终止对该运营公司进行股权激励，并要求该运营商消除因此造成的一切不良影响，承担因此造成的全部损失。例如：受激励对象 a 持有 ××200 万股，2019 年 ×× 净利润为 5000 万，提取净利润的 40% 用于分红，则 a 当年得到的红利为 = 5000×40%÷20000×200=20（万元）。

2. 增值权。 ×× 股价增长带来的增值收益归激励对象所有，激励对象所获增值收益 =（兑现时 ×× 的股价 - 授予时 ×× 的股价）× 兑现股份数量。

例如：受激励对象 a 持有 ××200 万股，2019 年 ×× 净利润为 5000 万，提取净利润的 40% 用于分红，则 a 所获增值收益 =（1.15-1）×200=30 万元

第十条 激励股的取得方式

1. 考核标准。 激励方案实施之日起至 2018 年 12 月 31 日止，在此期间加入 ×× 的城市运营商（加盟的具体条件详见 ×× 的城市运营商《招商方案》）按时间先后顺序，前 10 名可参与本次的期股授予计划并得到 ×× 授予的期股。

2. 行权标准。 期股设锁定期为 2 年，行权期是 3 年。2 年锁定期满后激励对象可在窗口期行权（窗口期设为每年的 4 月份）。行权分 3 年进行，即 2021 年 4 月份行权 30%、2022 年行权 30%、2023 年行权 40%，行权后期股转为实股。若三年期满后剩余没有行权的期股，由 ×× 无偿收回并可用于对其他的对象进行激励。

第十一条 激励股份的分红方式以及股份认购资金来源

1. 从激励对象授予股份当年开始，享有股份分红。

2. 每年激励对象取得的分红（不含投资股东的分红）可以用现金方式提取 40%，剩余的 60% 存入到 ×× 为进行股权激励开设的专用账户，用于激励对象所支付的认购费用。

3. 本条第 2 款所约定存入股权激励开设的专用账户的资金不足以支付认购金额的，需要激励对象（不含投资股东）自筹资金于 ×× 规定的交付日期之前交付。

4. 本条第 2 款所约定存入股权激励开设的专用账户的资金超出支付认购金额的，×× 需要在激励对象全部行权完毕后 90 天内返还给激励对象。

5. 激励对象放弃行权、放弃认购 ×× 股份的，不再享有分红权，之前未提取的

分红不再有追溯权；本条第 2 款所约定存入股权激励开设的专用账户的资金于本次激励方案结束后 90 天内返还给激励对象。

第十二条　激励股的锁定期以及限制性规定

1. 激励对象对全部激励股份行不得私自转让。若在此期间公司上市，激励对象可以根据上市公司的规定转让股份，不受此限制。

2. 在三年之内如果激励对象因个人自身的原因与××解除合作关系：

（1）其对在此之前年度留存的未分配利润不再享有分配权。

（2）在××每股净资产高于激励对象行权时的价格的情况下，以激励对象入股时的价格由××收回其股份。

（3）在××每股净资产低于激励对象行权时的价格的情况下，以亏损时每股的价格由公司收回其股份。

3. 在三年之后激励对象解除与××合作关系的：

（1）在××每股净资产高于激励对象行权时的价格的情况下，根据此价格由公司收回其股份。

（2）在××每股净资产低于激励对象行权时的价格的情况下，由××按照入股时的价格收回其股份。

4. 激励股红利及价差收益所产生的个人所得税由个人承担。

第十三条　本激励计划的管理机构为××薪酬与考核委员会，日常管理工作包括但不限于拟定激励股分配方案、分红计划、收益计算及审核激励对象的考核结果等。

第四章　激励股的管理

第十四条　薪酬与考核委员会负责激励股的日常管理，具体职责如下：

1. 收集、整理激励对象的意见。

2. 审查激励对象获授激励股的资格。

3. 拟定激励股授予方案。

4. 根据授予方案确定激励对象个人获授数量。

5. 制定期权激励的考核指标，评定激励对象的考核结果。

6. 办理激励股的授予、分红、对象、变更、退出等具体事务。

7. 制定、保管激励对象名册。

8. 拟定激励股收益分配方案，并确保相关款项及时到位。

9. 拟定修改股权激励计划的建议。

10. 制定激励计划相关配套办法和实施细则。

11. 其他需要办理的日常事项。

第十五条　为便于激励股的管理及核算，薪酬与考核委员会可委托××其他职能部门协助进行激励股的日常管理。

第十六条　激励股的授予程序

1. 薪酬与考核委员会根据本计划对激励对象的激励资格进行审核。

2. 薪酬与考核委员会根据本计划确定激励对象的激励方式及获授激励股的数量。

3. 激励对象在限额内确认认购额度，并按规定的付款方式缴付资金。

4. 薪酬与考核委员会经激励对象持有激励股的情况登记在激励对象名册上。

第十七条　薪酬与考核委员会根据激励对象获授激励股的情况，据实建立激励对象名册，作为统一管理激励股的依据和书面凭证。激励对象名册应载明下列事项：

1. 激励对象姓名、职务、身份证号、住所等个人信息。

2. 激励对象获授激励股的形式、数量及持股平台名称。

3. 激励对象的出资金额、出资方式。

4. 激励对象所持激励股的变动情况。

第十八条　薪酬与考核委员会根据激励对象以及激励对象所持激励股的变动情况，及时在激励对象名册上予以登载和变更，并于变更后 7 个工作日内告知相关激励对象。

第十九条　激励对象对本人的激励股登载有所疑问时，有权向薪酬与考核委员会进行查询，但需在收到变更告知后 7 个工作日内提出查询申请。

第五章　附则

第二十条　薪酬与考核委员会可根据本激励计划提拟和制定操作细节。

第二十一条　本计划由薪酬与考核委员会负责解释。

第二十二条　本计划资董事会 / 执行董事通过之日起生效实施，以后年度遵照执行。单出现下列情况之一时，本计划将予以终止。

1. 出现法律、法规规定必须终止的情况。

2. 经营亏损导致公司破产或解散。

第二十三条　本计划未尽事宜，按照国家有关法律、法规和公平、合理、有效的原则予以解决。

范本使用指南：

　　进行股权激励后就需要给予激励对象行权／兑现／分红／转实股的期限，因为根据股权激励方案中采用的激励方式不同，所涉及的有的是期权。有的是期股，就需要设定行权的期限，针对虚拟股激励、增值权激励就需要有兑现的期限，根据股权激励的不同也会涉及代持股、虚拟股转为注册股、实股的期限、条件；达到设定的期限和条件后就需要给激励对象发通知。本范本仅供大家参考。

行权／兑现／分红／转实股通知书

　　根据公司股权激励方案实施计划，现通知股权激励对象本年度行权／兑现／分红／转实股时间如下：

　　_____年__月__日至_____年__月__日

　　激励对象须在规定时间内行使权利，否则视为放弃本年度内行权／兑现／分红／转实股权利的行使。

_____有限公司（盖章）

年　月　日

范本使用指南：

　　股权激励多数是需要激励对象支付一定对价，该对价是支付股权激励对应的股权的，需要专款专用，不得挪作他用。由于激励对象人数较多，涉及多方资金，有的因为是公司或者大股东借款，需要用激励对象的分红、提成来偿还公司或大股东的借款，这样就需要将每年的提成以及分红预留在专门的账户，并且根据需要留存的提成及分红比例支付给公司或者大股东，将剩余部分支付给激励对象；还会有其他的各种转款的行为，以及预留资金的行为，就形成了一定的资金池的情况，但是资金池里面的钱可能剩余多方，为了安全和方便管理，这样就需要指定专门的账户处理，所以就需要设立专门的储存账户。

　　对于股权激励的方案制订以及最终的落实，需要经过财务部门、人力资源部门、业务部门以及公司的外聘律师等专业机构一起参与，这么多部门和人员的参与就需要一个议事协调机构的设立，这样就需要成立一个股权激励的管理机构负责股权激励方案的制订；并且股权激励实施的过程其实包含了绩效考核的过程，还有根据业务情况、人事调动等情况出现的动态调整情形，设立专门的管理机构也就是为了更好地掌握实施过程中的情况，适当调整方案，达到预期效果。

关于建立股权激励专项存储账户
成立股权激励管理机构
实施股权激励计划的决议

　　会议时间：
　　会议地点：
　　出席会议的股东：

　　本次股东会会议于____年__月__日通知全体股东到会参加会议，符合《中华人民共和国公司法》（以下简称《公司法》）及公司章程的有关规定。

　　本次股东会会议已按《公司法》及公司章程的有关规定通知全体股东到会参加会议。股东会确认本次会议已按照《公司法》及公司章程之有关规定有效通知。

　　出席会议的股东为持有公司_____的股权，会议合法有效，由_____主持。本次

股东会会议的召集与召开程序、出席会议人员资格及表决程序符合《公司法》及公司章程的有关规定。全体股东一致同意如下决议:

    1.建立股权激励专项存储账户,具体由董事会组织实施,信息备案到公司。

    2.成立股权激励管理机构为薪酬委员会,对董事会负责,由董事会选举产生其成员。

    3.同意实施股权激励方案。

    股东签字:

_____有限公司

年　月　日

范本使用指南:

经过各部门的配合,制订出股权激励方案;由于股权激励方案涉及公司股东转让股权给现有股东以外的人,可能需要现有股东让渡利益给激励对象,这样的股权转让需要经过其他股东过半数同意;股权激励股权的来源也有的可能是需要通过增资扩股,这样就需要经过股东会三分之二以上有表决权的股东通过;即便是虚拟股激励、干股激励等情形,也是需要股东让渡利润,这些都是重大事项,需要股东会召开专门的会议进行讨论。如果没有依法召开股东会,仅仅是董事会召开会议通过可能涉嫌损害其他股东利益,可能最终导致股权激励方案无效。

所以,一定要通过股东会决议的形式对股权激励方案进行确认。

关于实施股权激励计划的股东会决议

会议时间:

会议地点:

出席会议的股东:

本次股东会会议于_____年__月__日通知全体股东到会参加会议,符合《中华人民共和国公司法》(以下简称《公司法》)及公司章程的有关规定。

本次股东会会议已按《公司法》及公司章程的有关规定通知全体股东到会参加会议。股东会确认本次会议已按照《公司法》及公司章程之有关规定有效通知。

出席会议的股东为持有公司__的股权,会议合法有效,由__主持。本次股东会会议的召集与召开程序、出席会议人员资格及表决程序符合《公司法》及公司章程的有关规定。全体股东一致同意如下决议:

同意实施股权激励方案。

股东签字:

_____有限公司

年 月 日

范本使用指南：

　　股权激励是一项相对比较复杂和专业的事项，这样就需要经过财务部门、人力资源部门、业务部门以及公司的外聘律师等专业机构一起参与，这么多部门和人员的参与，协调这些人员和部门就需要公司的董事会进行协调；并且本期基于公司法的规定，增值扩股、分红等重大事项的方案制订都是由董事会负责实施的，制订完成后再交给股东会进行表决。所以程序上必须经过董事会，也就必须依法召开董事会进行讨论并制订方案，最终报股东会确认。

关于实施股权激励计划的董事会决议

　　会议时间：＿＿＿＿年＿月＿日

　　会议地点：

　　现任董事会成员：

　　出席会议的董事：

　　决议事项：

　　本次董事会会议于＿＿＿＿年＿月＿日通知全体董事到会参加会议，符合《中华人民共和国公司法》及公司章程的有关规定。

　　本次董事会会议已按《中华人民共和国公司法》及公司章程的有关规定通知全体董事到会参加会议。本公司全体董事出席会议。本次董事会会议由＿＿＿＿＿＿主持，经研究，全体董事一致同意通过以下决议：

　　同意实施股权激励方案。

　　董事长：＿＿＿＿＿＿副董事长：

　　董事：

＿＿＿＿＿＿有限公司

年　月　日

范本使用指南：

公司的股权激励方案制订后，尤其是实施阶段一般都会涉及公司章程修改的问题，注册资本的变化、股东结构的调整、AB 股制度的实施、分红方式的确立、优先股的实施等问题都需要在公司章程里面进行约定，所以就需要对公司章程进行调整。公司章程的调整和修改需要召开股东会，并且需要经过股东会三分之二以上有表决权的股东同意才能通过，所以股东会必须召开，其程序以及内容都要合法。否则会被撤销或者认定无效，股东激励就无法实施，或者实施过程中遇到不必要的麻烦。

本决议范本仅供参考，有的时候可以将几个会议内容一起讨论、决定。但是股东激励中涉及的这几个股东会决议因为实施程序和流程的问题可能都需要分别单独讨论，并且需要根据股权激励方案掌握好会议召开的节奏。

股东会关于修改公司章程的决议

根据《中华人民共和国公司法》及本公司章程的有关规定，本公司于_____年__月__日召开了公司股东会，会议由代表____% 表决权的股东参加，经代表____% 表决权的股东通过，作出如下决议：

同意修改公司章程，具体修改内容见《公司章程修正案》。

公司股东会

法人股东盖章：

自然人股东签字：

日期：_____年__月__日

范本使用指南：

　　股权激励的实施过程中免不了会涉及激励对象缴纳股权转让款、增资扩股的投资款、进行期权计划的保证金等。资金来源不同可能就会出现支付账户未必是激励对象本人的情况，有可能会是公司自己的账户进行划转、也有可能是大股东代为支付等；虚拟股、干股等方式激励的不同收款人也不一定都是公司，有可能是公司也有可能是公司的其他股东、专门设立的持股平台或者其他第三方。

　　由于交款人、时间、事由以及收款人都有可能不同，所以在出具交款凭证的时候一定要如实填写，以免出现争议。

缴款凭证

缴款人：＿＿＿＿＿＿＿＿＿＿＿＿＿＿＿＿

缴款日期：＿＿＿＿年＿月＿日

缴款事由：＿＿＿＿＿＿＿＿＿＿＿＿＿＿＿＿

交款金额（大写）：＿＿＿＿＿＿　￥：＿＿

收款人：＿＿＿＿＿＿＿＿＿＿＿＿＿＿＿＿

范本使用指南:

　　该范本为作者签字做过的案例中采用的股权激励方案，经过加工、修改后分享给大家。

　　该方案比较标准化，将所涉及的总则、原则、工具的使用、方案的实施机构、激励对象的条件、权利的行使、过程中动态调整的机制以及如何退出股权激励方案都有介绍。大家可以在做股权激励方案的时候进行适当参考，并结合自身企业的情况进行调整。

河北 ×× 有限公司内部股权激励方案

声 明

　　本激励计划属于河北 ×× 有限公司（以下简称：××）的机密文件。未经许可，任何人不得向他人透露本激励计划中的任何内容。如有违反，将对当事人进行严肃处理，情节严重者将追究其法律责任。

第一章 总则

　　第 1 条　为进一步调动 ×× 公司员工的积极性，增强企业凝聚力，增强核心员工对公司长期发展的关切度和管理的参与度，同时也使员工能够分享企业成长带来的收益，形成企业内部的激励机制和监督机制，依照《中华人民共和国公司法》《中华人民共和国证券法》《中华人民共和国合同法》等国家法律、法规，特制订本激励计划。

　　第 2 条　实施股权激励计划的目的

　　（1）倡导以价值创造为导向的绩效文化，建立股东与员工之间利益共享与风险共担机制；

　　（2）从长期来看，股权激励计划应该能够支撑 ×× 公司实施资本运作的战略需要，从短期来看，股权激励的实施可以促进公司销售规模的快速增长；

　　（3）实现核心员工个人收益与公司价值的紧密联系，引导管理层关注短期目标与长期目标的平衡，吸引与保留优秀管理人才和业务骨干；

　　（4）鼓励并奖励业务创新和变革精神，挖掘骨干员工潜能，增强公司的核心竞争力。

　　第 3 条　股权激励计划的设计原则

（1）优化股权结构，同时使激励对象能够分享公司成长带来的收益；

（2）着眼于公司战略；

（3）分层分级；

（4）激励与约束相对称。

第 4 条　激励对象的确定原则

1. 人力资本价值

股权激励不同于工资和短期激励，它旨在为支撑 ×× 公司的战略规划而设，故应重点激励那些有能力参与战略制定或承担战略实施重大职责的人员（岗位重要性作为持股多少的一个重要评判标准）。

2. 历史贡献

股权激励是着眼于未来的，但是在授予股权时也应适度考虑员工的历史贡献（考核指标作为持股多少的另一个重要评判标准）。

第 5 条　员工获授激励股的基本条件

（1）认同公司的发展战略和价值观，承诺自愿遵守本计划规定的所有条款及配套文件；

（2）与 ×× 集团旗下公司正式签署《劳动合同》，并工作三年以上（若员工中途离开公司，以最近一次加入公司的时间为准）；

（3）同意签署《股权授予协议书》。

注：特殊贡献人才经董事会批准后可适度放宽工作年限限制。

第 6 条　激励股的授予时间

（1）股权激励拟分 3 期授予，授予时间为 2017 年窗口期、2018 年窗口期、2019 年窗口期（窗口期设定为每一年的 8 月份）。

（2）若规划中的激励岗位在实施股权授予计划时激励对象尚未到岗或因其他原因未达到激励条件，则此部分股权作为预留股，其具体授予方式及时间由董事会确定。

第 7 条　激励股的分配原则

激励股的分配主要考虑激励对象的岗位重要性及个人的历史贡献，即跟进岗位等级拟定岗位系数，根据考核指标及工作年限拟定历史贡献系数。

注：对于公司未来发展中承担重大战略实施职责或业绩贡献突出的激励对象，可获得董事会的特授股份（特授股份数量由董事会确定）。

第 8 条　本激励计划的管理机构为 ×× 公司薪酬与考核委员会，日常管理工作包括但不限于拟定激励股分配方案、分红计划、收益计算及审核激励对象的考核结果等。

第二章　股权激励方案

第 9 条　激励对象的范围

根据股权激励的总体规划原则，结合公司的组织架构（现有组织架构及规划期组织架构），激励对象范围界定如下：

（1）核心管理人；

（2）与××及旗下公司正式签署《劳动合同》；

（3）上一次的考核达到了公司的考核指标。

注：特殊贡献人才经董事会批准后可适度放宽以上条件。

第 10 条　激励对象的确定程序

（1）根据获授激励股的基本条件（参见"第 5 条"）和激励对象范围（参见"第 9 条"）总公司 CEO 拟定总公司的初选人员名单，分子公司负责人拟定分子公司的初选人员名单；

（2）召开集团董事会（董事长主持），审议初选名单，提出复核意见；

（3）将经董事会议复核的激励人员名单报薪酬与考核委员会审批，确认最终激励人选，并编入激励对象名册。

第 11 条　股权激励方式

根据公司目前所处的发展阶段及财务状况，拟采用期股的激励方式。

（1）根据公司激励股总体规划及激励对象的个人岗位重要性、历史贡献确定当期拟授予激励对象的股份数量。

（2）激励对象必须出资认购获授的股份，但为了体现激励性，采用"现金出资"加上"无息借款"的方式。激励对象在公司许可的范围内确定认购的股数，并缴纳认购的现金部分（现金出资额＝认购股数 × 原始股价 ×10%），现金出资的付款期限为 1 个月，超过期限不予缴纳的视为放弃受激励的权利。剩余部分认购资金由公司大股东_____提供无息贷款。

（3）激励期权自认购当年开始享受分红，所得分红 60% 部分优先偿还用于股权出资的借款。

（4）期股设锁定期为 3 年；锁定期满后，激励对象可在窗口期内申请将所持期股按××公司当期股价予以兑现（即向××公司出售期股，出售后期股灭失）。但每年兑现的数量不得高于其所持该批次期股总量的三分之一。如：2017 年 8 月授予小王 50 万期股，三年后即 2020 年 8 月，小王最高可转让的股份数量为：50×30%=15 万股，转让价格按 2020 年的当期股价（转让所得优先偿还出资时从大股东那里借得的款项，借款归还完毕后，所得剩余款项归个人所有）。

第 12 条　激励股规划

参照公司目前的财务状况及预期战略规划，公司注册资金为：20 000 万。但为了方便统计和计算，现将公司总股本虚拟设定为 20 000 万股。计划提取总股本的 8%（不含董事会特设股份）用于公司层面骨干人员的激励；其中，2%（400 万股）用于现有人员的激励，6%（1 200 万股）作为预留股，用于 2018 年及 2019 年新进人才及现有人才激励用。

1.具体人员及分配比例

（1）初始股价为： 1元/股。

（2）在激励期内，每年股价主要根据××公司净利润实现情况及分红比例予以确定。计算公式如下：

当年股价＝上年股价＋当年净利润×（1－当年分红比例）÷公司总股本

受激励对象依照本方案向大股东转让其期股的参照此价格，向其他人转让的不受此限制；公司挂牌新三板或者上市后不受次股价限制。

（3）测算示例

例如，假设_____公司总股本为5 000万股，2018年窗口期公司股价为1元/股，若2018年实现的净利润为5 000万元，当年分红比例为40%，则2018年窗口期公司股价＝1+5 000（1-40%）÷20 000=1.15元/股。

2.公司激励股的权利

（1）分红权。激励对象按所持期股数量享受公司的分红，分红方式为：

激励对象所获红利＝公司当年净利润×分红比例÷公司总股本×激励对象所持期股数量

分红比例由公司董事会根据当年公司经营情况及未来战略规划而定（浮动区间为20%～60%，暂定为40%），每年激励对象取得的分红以现金方式提取50%，剩余的50%转入到公司开设的购股基金账户用于购股。

例如：假设员工小王持有公司50万股，2018年公司净利润为5 000万，提取净利润的40%用于分红，则小王当年得到的红利为＝5 000×40%÷20 000×50=5（万元）。激励对象不享有年度未分配利润的追溯权；如果激励对象在分红窗口期之前离职，则激励对象对该年对利润及此前年度留存的未分配利润不享有分配权。

（2）增值权。公司股价增长带来的增值收益归激励对象所有。

激励对象所获增值收益＝（兑现时公司的股价－授予时公司的股价）×兑现期股数量

例如：假设员工小王持有公司50万股，2018年公司净利润为5 000万，提取净利润的40%用于分红，则小王所获增值收益＝（1.15-1）×50=7.5万元

第15条　公司激励股的考核办法

为实现股权激励收益与公司的战略目标完成情况的高度一致，在激励期内，每年对公司和个人考核一次。

1.公司层面

只有当公司达到当年预定的业绩目标时（各项指标的完成率均不低于80%），方能启动公司当年的期股分红计划及股权兑现计划；若公司层面考核不合格，则当年全部激励股均不得参与分红和兑现。公司考核指标参考公司的《年度财务预算》。

2. 个人层面

激励对象个人考核成绩需合格方具有参与当年分红的资格。若个人考核不合格，则其所持激励股做如下处理：

（1）期股当年不得参与分红，其股份名下的当年公司利润由其他股东分享。

（2）期股当年不得申请兑现。

（3）若激励对象连续两年考核均不合格，则期股由公司按激励对象的原始购股价回购。

第三章 激励股的调整

第 16 条 激励对象职务调整时的激励股调整办法

1. 晋升

在激励期内，若激励对象职务升迁，则参照新岗位的激励标准增授激励股，其来源为预留股部分。调整规则如下：

$$Q=Q_0 \times N_1/N_0$$

其中：Q_0 为调整前的激励股数量；N_0 为调整前的个人分配系数；N_1 为调整后的个人分配系数；Q 为调整后的激励股数量。增授激励股数量为 $Q-Q_0$。

2. 降职

在激励期内，若激励对象被调任至较低岗位，则参照新岗位的激励标准按当期持股平台股价回购超标的激励股，纳入预留股统一管理。调整规则如下：

$$Q=Q_0 \times N_1/N_0$$

其中：Q_0 为调整前的激励股数量；N_0 为调整前的个人分配系数；N_1 为调整后的个人分配系数；Q 为调整后的激励股数量。减少激励股数量为 Q_0-Q。

3. 调动

在激励期内，若激励对象由 A 平台被调任至 B 平台，则在窗口期内结算 A 持股平台的收益，同时根据 B 持股平台的激励制度对其进行激励。

第 17 条 上市股改

在激励期内，若公司上市股改，则激励对象所持期股的处理办法如下：

（1）激励对象所持的公司期股按其持有比例转化为拟上市公司的股份。

（2）全体激励对象认购的实股统一纳入持股公司进行管理，激励对象通过持股公司间接持股拟上市主体。

第四章 激励股的约束

第 18 条 持有激励股的义务

（1）激励对象所持激励股不得私自转让。若需转让，必须经公司董事会同意并由所在的持股平台回购。

（2）激励股红利及价差收益所产生的个人所得税（采用累进税率，与年终奖一致）由个人承担，在结算激励股收益时相关税费由公司代扣代缴。

第19条 若激励对象在持股期间存在以下行为，则公司有权按不高于其原始购股价收回其所持的全部激励股。

1. 徇私舞弊

（1）自行填写、虚开报销发票与消费清单，作假凭证和假账等行为；

（2）挪用公司公款的行为；

（3）利用职务之便收受贿赂、侵占公司财产，以权谋私或以不正当手段谋取私利的行为；

（4）利用职务之便打击、报复他人的行为。

2. 玩忽职守

（1）因工作不作为或职责履行不到位，造成严重后果的行为；

（2）因工作疏忽，造成严重后果的行为；

（3）因违反工作纪律，造成严重后果的行为。

3. 泄露机密

（1）经营与本公司有竞争性业务或者同行业兼职的行为；

（2）将公司的关键技术、图纸的相关数据和材料，以及未公布和实施的战略计划、营销策略和客户档案等商业机密泄漏，尤其是泄漏给竞争对手的行为。

4. 恶意诽谤

（1）恶意诽谤公司或利用公司名义招摇撞骗，损害公司形象的行为；

（2）故意伤害同事的人格，侮辱他人的尊严。

5. 盗窃毁损

（1）盗窃公司和私人财物的行为；

（2）故意损毁公司财物的行为。

6. 违法犯罪

（1）违反国家法律法规，受到国家处罚的行为；

（2）违反国家各项政策的行为。

7. 威胁要挟

利用所掌握的公司秘密，威胁要挟公司的行为。

第20条 退出机制

在激励期内，若激励对象中途离职，则激励股的处理办法如下：

非上市企业之股权激励

特殊情况	公司股权处理办法
1）激励对象因自身原因与公司提前解除劳动合同而离职 2）公司有证据证明激励对象存在严重触碰"高压线"的行为（参见"第19条"）而对其进行停职或开除	收回股份，退还其原始出资额
3）激励对象因公司人员调整而被辞退 4）合同未到期，双方友好协商不再续约 5）激励对象因合同到期而离职 6）激励对象因疾病无法正常工作、残障或死亡	收回期权，退还其原始出资额，并兑现增值收益，增值收益 =（公司当期股价 - 授予时公司股价）× 期股数量
因其他原因	由公司董事会另行商议解决

注：表中所列的"当期股价"：是指最近一次公布的窗口期间的股价。

第五章 激励股的管理

第21条 薪酬与考核委员会负责激励股的日常管理，具体职责如下：

（1）收集、整理激励对象的意见；

（2）审查激励对象获授激励股的资格；

（3）拟定激励股授予方案；

（4）根据授予方案确定激励对象个人获授数量；

（5）制定期权激励的考核指标，评定激励对象的考核结果；

（6）办理激励股的授予、分红、对象、变更、退出等具体事务；

（7）制定、保管激励对象名册；

（8）拟定激励股收益分配方案，并确保相关款项及时到位；

（9）拟定修改股权激励计划的建议；

（10）制定激励计划相关配套办法和实施细则；

（11）其他需要办理的日常事项。

第22条 为便于激励股的管理及核算，薪酬与考核委员会可委托公司其他职能部门协助进行激励股的日常管理。

第23条 激励股的授予程序

（1）薪酬与考核委员会根据本计划对激励对象的激励资格进行审核；

（2）薪酬与考核委员会根据本计划确定激励对象的激励方式及获授激励股的数量；

（3）激励对象在限额内确认认购额度，并按规定的付款方式缴付资金；

（4）薪酬与考核委员会经激励对象持有激励股的情况登记在激励对象名册上。

第24条 薪酬与考核委员会根据激励对象获授激励股的情况，据实建立激励对象名册，作为统一管理激励股的依据和书面凭证。激励对象名册应载明下列事项：

（1）激励对象姓名、职务、身份证号、住所等个人信息；

（2）激励对象获授激励股的形式、数量及持股平台名称；

（3）激励对象的出资金额、出资方式；

（4）激励对象所持激励股的变动情况。

第25条 薪酬与考核委员会根据激励对象以及激励对象所持激励股的变动情况，及时在激励对象名册上予以登载和变更，并于变更后7个工作日内告知相关激励对象。

第26条 激励对象对本人的激励股登载有所疑问时，有权向薪酬与考核委员会进行查询，但需在收到变更告知后7个工作日内提出查询申请。

第六章 附则

第27条 薪酬与考核委员会可根据本激励计划提拟和制定操作细节。

第28条 本计划由薪酬与考核委员会负责解释。

第29条 本计划资董事会通过之日起生效实施，以后年度遵照执行。但出现下列情况之一时，本计划将予以终止：

（1）出现法律、法规规定必须终止的情况；

（2）经营亏损导致公司破产或解散。

第30条 本计划未尽事宜，按照国家有关法律、法规和公平、合理、有效的原则予以解决。

范本使用指南：

　　公司进行股权激励就是为了让股权激励对象参与到公司的决策、经营管理当中来，让他们更有主人翁意识，更能为企业努力工作。但是，有个别人就会利用这个机会，了解公司的商业机密，做出一些有损公司利益的行为。有可能为竞争对手提供信息，也有可能自己就做着同业竞争的业务，如果对他们进行股权激励，他们就成为了合法的"商业间谍"，让他们合法获取商业秘密，这样会严重损害公司利益。所以，一般在进行股权激励的时候也都会要求激励对象签署一份保守股权激励计划商业机密的承诺书，其实相应的保证条款也会在高管的聘任协议以及股权激励方案中有所体现，但是为了正式、严格以及有一定的强化作用会让激励对象签署一份承诺书。

关于保守股权激励计划商业机密的承诺书

　　姓名：_____，身份证号：_____，于_____年__月__日参加公司股权激励计划，为保障公司的利益不受损失，本人郑重承诺保证不向任何第三方或者其他机构宣传、泄露有关公司股权激励计划的资料或者文件以及其他相关材料。本人如违反上述承诺，愿意承担一切经济及法律责任。

承诺人：

年 月 日

范本使用指南:

　　股权激励计划是公司制订的,经过股东会决议通过,但并非所有符合条件的员工都会参与公司的股权激励计划,如对公司未来不看好,有的想跳槽,或者有其他打算的人都有可能不会参与公司的股权激励计划。所以,在公司制订并通过股权激励方案后,根据实际情况要有一个公示期,凡符合股权激励计划条件的人都可以申请参加股权激励计划,但需要符合条件的员工主动申请参与股权激励计划。根据申请人员再确定具体的名单并统计后登记备存于公司。

参与股权激励计划申请书

　　姓名:_____,身份证号:_____,在年度考核中合格,符合公司股权激励方案中参与股权激励的规定。本人认同公司的发展战略和价值观,承诺自愿遵守本计划规定的所有条款及配套文件,望公司批准参加股权激励计划,申请认购激励的____股。

申请人:

年　月　日

激励对象名册

序号	姓名	类别	身份证号	激励股数量	行权时间

范本使用指南：

　　股权激励中包含了实股激励，也包含了期权激励等形式，有的就需要将公司涉及的激励对象登记到公司登记机关，并按照公司法的规定颁发一个股东出资证明书；有的股权激励方案涉及的是股权代持、虚拟股或者干股，那么公司登记机关对激励对象是不登记的。为了保证激励对象的权利，有的也会出具一份股权证书给激励对象，让他有安全感；因为股权获得的时间可能不一样，并不是制订股权激励方案后符合条件的人申请了就给颁发股权证书，也不是其出了资就要给颁发股权证书，而是需要结合股权激励方案中的内容，按照实施的情况和节奏进行颁发的。

股权证书

证书编号：

公司名称：

地址：

注册时间：

注册资本：

股东姓名：

身份证号：

兹证明：

_____是_____股份有限公司股东，持有股份为_____。

_____股份有限公司（盖章）

法定代表人（签章）：

时间：　　年　月　日

注意事项：

1. 本证是公司员工持有公司股权的唯一有效证明。

2. 本证需妥善保管，遗失不补。

3. 本股权证书不得涂改、伪造，私自抵押、转让、买卖无效。

范本使用指南：

公司实施股权激励必然就会涉及调整原有的公司章程，这里首先给大家分享一个股份公司的章程范本。

实施股权激励的公司一般也是为了后期公司上市做准备，以便留住人才，冲击业绩。防止上市后人才流失，避免解禁时大批量抛售股权套现等情况出现。

有的公司本身是有限责任公司，但是为了上市，在实施股权激励方案的同时也就进行了股改，将有限责任公司改制成为股份公司，因此就需要一份股份公司的章程。

股份公司章程

为维护公司、股东和债权人的合法权益，规范公司的组织和行为，依据《中华人民共和国公司法》《公司登记管理条例》及有关法律、法规、规章的规定，制定本章程。

第一章 公司名称和住所

第一条 公司名称：_____。

第二条 住所：_____。

第二章 公司经营范围

第三条 公司经营范围：_____。（以上经营范围以公司登记机关核发的营业执照记载的事项为准；涉及许可审批的经营范围及期限以许可审批机关核定的为准）。

公司改变经营范围，应当修改公司章程，并向公司登记机关办理变更登记。

第三章 公司设立方式

第四条 公司以发起设立的方式组建。公司设立时，全体股东即为发起人，全体发起人认购公司的全部股份。

第四章 公司股份总数、每股金额和注册资本

第五条 公司股份总数：_____。

第六条 公司股份每股金额：_____。

第七条 公司注册资本：＿＿＿＿＿＿＿。

第八条 公司增加或减少注册资本，必须召开股东大会并做出决议。

第五章 发起人的姓名或者名称、认购的股份数、出资方式及出资时间

第九条 发起人的姓名或者名称、认购的股份数、出资方式及出资时间如下：

发起人姓名（或名称）	认缴情况			实缴情况			分期缴付情况		
	认购的股份数（万股）	出资方式	持股比例（%）	认购的股份数	出资方式	出资时间（验资证明出具时间）	认购的股份数（股份）	出资方式	出资时间（发起人约定时间）
合计									

第六章 公司股东大会的组成、职权和议事规则

第十条 公司股东大会由全体发起人（股东）组成。股东大会是公司的权力机构，其职权是：

（一）决定公司的经营方针和投资计划；

（二）选举和更换非由职工代表担任的董事、监事，决定有关董事、监事的报酬事项；

（三）审议批准董事会的报告；

（四）审议批准监事会的报告；

（五）审议批准公司的年度财务预算方案、决算方案；

（六）审议批准公司的利润分配方案和弥补亏损方案；

（七）对公司增加或者减少注册资本作出决议；

（八）对发行公司债券作出决议；

（九）对公司合并、分立、解散、清算或者变更公司形式作出决议；

（十）修改公司章程。

第十一条 股东大会应当每年召开一次年会。有下列情形之一的，应当在两个月内召开临时股东大会：

（一）董事人数不足《中华人民共和国公司法》规定人数或者公司章程所定人数的三分之二时；

（二）公司未弥补的亏损达实收股本总额三分之一时；

（三）单独或合计持有公司百分之十以上股份的股东请求时；

（四）董事会认为必要时；

（五）监事会提议召开时。

第十二条 股东大会会议由董事会召集，董事长主持；董事长不能履行职务或不履行职务的，由副董事长主持；副董事长不能履行职务的，由半数以上董事共同推举一名董事主持。

董事会不能履行或者不履行召集股东大会会议职责的，监事会应当及时召集和主持；监事会不召集和主持的，连续九十日以上单独或者合计持有公司百分之十以上股份的股东可以自行召集和主持。

第十三条 召开股东大会会议，应当将会议召开的时间、地点和审议的事项主持人或者其委托的第三人于会议召开二十日前通知各股东；临时股东大会应当于会议召开十五日前通知各股东；发行无记名股票的，应当于会议召开三十日前公告会议召开的时间、地点和审议的事项。

单独或者合计持有公司百分之三以上股份的股东，可以在股东大会召开十日前提出临时提案并书面提交董事会；董事会应当在收到提案后两日内通知其他股东；并将该临时提案提交股东大会审议。临时提案的内容应当属于股东大会职权范围，并有明确议题和具体决议事项。

股东大会不得对前两款通知中未列明的事项作出决议。

无记名股票持有人出席股东大会会议的，应当于会议召开五日前至股东大会闭会时将股票交存于公司。

第十四条 股东出席股东大会会议，所持每一实缴的股份有一表决权。但是，公司持有的本公司股份没有表决权。

股东大会作出决议，必须经出席会议的股东所持表决权过半数通过。但是，股东大会作出修改公司章程、增加或者减少注册资本的决议，以及公司合并、分立、解散或者变更公司形式的决议，必须经出席会议的股东所持表决权的三分之二以上通过。

第十五条 公司转让、受让重大资产（达到公司总资产10%以上的）或者对外提供担保等事项必须经股东大会作出决议的，董事会应当及时召集股东大会会议，由股东大会就上述事项进行表决。

第十六条 股东大会选举董事、监事，可以依照公司章程的规定或者股东大会的决议，实行累积投票制。

第十七条 股东可以委托代理人出席股东大会会议，代理人应当向公司提交股东授权委托书，并在授权范围内行使表决权。

第十八条　股东大会应当对所议事项的决定作成会议记录，主持人、出席会议的董事应当在会议记录上签名。会议记录应当与出席股东的签名册及代理出席的委托书一并保存。

第七章　董事会的组成、职权和议事规则

第十九条　公司设董事会，成员为九人，由股东大会选举产生。董事任期两年，任期届满，连选可以连任。

董事会设董事长一人，副董事长一人，由董事会以全体董事的过半数选举产生。

董事任期届满未及时改选，或者董事在任期内辞职导致董事会成员低于法定人数的，在改选出的董事就任前，原董事仍应当依照法律、行政法规和本章程的规定，履行董事职务。

第二十条　董事会对股东大会负责，行使下列职权：

（一）召集股东大会会议，并向股东大会报告工作；

（二）执行股东大会的决议；

（三）决定公司的经营计划和投资方案；

（四）制订公司的年度财务预算方案、决算方案；

（五）制订公司的利润分配方案和弥补亏损方案；

（六）制订公司增加或者减少注册资本以及发行公司债券的方案；

（七）制订公司合并、分立、解散或者变更公司形式的方案；

（八）决定公司内部管理机构的设置；

（九）决定聘任或者解聘公司经理及其报酬事项，并根据经理的提名决定聘任或者解聘公司副经理、财务负责人及其报酬事项；

（十）制定公司的基本管理制度。

第二十一条　董事长召集和主持董事会会议，检查董事会决议的实施情况；副董事长协助董事长工作，董事长不能履行职务或者不履行职务的，由副董事长履行职务；副董事长不能履行职务或者不履行职务的，由半数以上董事共同推举一名董事履行职务。

第二十二条　董事会每年度至少召开两次会议，每次会议应当于会议召开十日前通知全体董事和监事。

代表十分之一以上表决权的股东、三分之一以上董事或者监事会，可以提议召开董事会临时会议。董事长应当自接到提议后十日内，召集和主持董事会会议。

董事会召开临时会议的通知方式和通知时限由发起人或董事自行约定。

第二十三条　董事会会议应有过半数的董事出席方可举行。董事会作出决议，必须经全体董事的过半数通过。

董事会决议的表决，实行一人一票。如有缺席或者弃权等情形，致使无法形成有

效决议的，董事长拥有两票进行最终的表决。

第二十四条 董事会会议，应由董事本人出席；董事因故不能出席，可以书面委托其他董事代为出席，委托书中应载明授权范围。

董事会应当对会议所议事项的决定作成会议记录，出席会议的董事应当在会议记录上签名。

董事应当对董事会的决议承担责任。董事会的决议违反法律、行政法规或者公司章程、股东大会决议，致使公司遭受严重损失的，参与决议的董事对公司负赔偿责任。但经证明在表决时曾表明异议并记载于会议记录的，该董事可以免除责任。

第二十五条 公司设总经理，由董事会决定聘任或者解聘。董事会成员可兼任总经理。总经理对董事会负责，行使下列职权：

（一）主持公司的生产经营管理工作，组织实施董事会决议；

（二）组织实施公司年度经营计划和投资方案；

（三）拟订公司内部管理机构设置方案；

（四）拟订公司的基本管理制度；

（五）制定公司的具体规章；

（六）提请聘任或者解聘公司副经理、财务负责人；

（七）决定聘任或者解聘除应由董事会决定聘任或者解聘以外的负责管理人员。

总经理列席董事会会议。

第八章 公司的法定代表人

第二十六条 董事长为公司的法定代表人。

公司法定代表人变更，应当办理变更登记。

第二十七条 法定代表人行使下列职权：

（一）代表公司签署有关文件；

（二）在发生战争、特大自然灾害等紧急情况下，对公司事务行使特别裁决权和处置权，但这类裁决权和处置权须符合公司利益，并在事后向股东报告。

第九章 监事会的组成、职权和议事规则

第二十八条 公司设监事会，其成员三人，由公司股东会选举产生两名，另外一名由公司职工代表担任。董事、高级管理人员不得兼任监事。

监事会设主席一人，由全体监事过半数选举产生。监事会主席召集和主持监事会会议；监事会主席不能履行职务或者不履行职务的，由监事会副主席召集和主持；监事会副主席不能履行职务或者不履行职务的，由半数以上监事共同推举一名监事召集和主持监事会会议。

监事的任期每届为三年，任期届满，连选可以连任。

监事任期届满未及时改选，或者监事在任期内辞职导致监事会成员低于法定人数的，在改选出的监事就任前，原监事仍应当依照法律、行政法规和公司章程的规定，履行监事职务。

第二十九条 监事会行使下列职权：

（一）检查公司财务；

（二）对董事、高级管理人员执行公司职务的行为进行监督，对违反法律、行政法规、公司章程或者股东会决议的董事、高级管理人员提出罢免的建议；

（三）当董事、高级管理人员的行为损害公司的利益时，要求董事、高级管理人员予以纠正；

（四）提议召开临时股东会会议，在董事会不履行本法规定的召集和主持股东会会议职责时召集和主持股东会会议；

（五）向股东会会议提出提案；

（六）依照《中华人民共和国公司法》第一百五十二条的规定，对董事、高级管理人员提起诉讼；

监事可以列席董事会会议。

第三十条 监事会每六个月至少召开一次会议，监事可以提议召开临时监事会会议。

监事会决议应当经半数以上监事通过。

监事会应当对所议事项的决定作成会议记录，出席会议的监事应当在会议记录上签名。

第十章 公司利润分配办法

第三十一条 公司分配当年税后利润时，应当提取利润的百分之十列入公司法定公积金。公司的法定公积金不足以弥补以前年度亏损的，在依照前款规定提取法定公积金前，应当先用当年利润弥补亏损。

第三十二条 税后利润的分配方式由股东自行约定。公司持有的本公司股份不得分配利润。

公司一年进行一次分配利润，次年___月底前对上年度取得利润进行分配；每次利润分配的额度不得低于可分配利润的__%；股东会另有决议的除外。

第十一章 公司的解散事由与清算办法

第三十三条 公司有以下情形之一时，解散并进行清算：

（一）公司章程规定的营业期限届满或者公司章程规定的其他解散事由出现；

（二）股东大会决议解散；

（三）因公司合并或者分立需要解散；

（四）依法被吊销营业执照、责令关闭或者被撤销；

（五）人民法院依照《中华人民共和国公司法》第一百八十三条的规定予以解散。

第三十四条　公司因本章程第三十三条第（一）项、第（二）项、第（四）项、第（五）项规定而解散的，应当在解散事由出现之日起十五日内成立清算组，开始清算。

第三十五条　清算组应当自成立之日起十日内通知债权人，并于六十日内在报纸上公告。

第三十六条　在申报债权期间，清算组不得对债权人进行清偿。

第十二章　公司的通知和公告办法

第三十七条　公司有下列情形之一的，应予通知：

1. 公司发起人决定减少或增加注册资本；

2. 公司发行无记名股票；

3. 公司合并或者分立。

第三十八条　公司通知可采用邮递、电子邮件、微信、短信、电话、全国性发行的报纸公告等送达形式。

公司通知采用邮递、电子邮件、微信、短信、电话形式的，按照股东预留给公司的通讯录上记载的联系方式进行通知，如通信方式发生变化必须在48小时内书面向公司备案。

以邮递方式进行送达的以签收后视为送达，以电子邮件、微信、短信方式送达的发出后即视为送达，以电话方式进行送达的电话接通后视为及时送达，以公告形式送达的公告后3日（含公告当日）内视为送达。

第十三章　股东大会会议认为需要规定的其他事项

第三十九条　公司的股份转让依照《中华人民共和国公司法》第五章第二节规定的内容执行。

第四十条　公司董事、监事、高级管理人员的资格和义务依照《中华人民共和国公司法》第六章规定的内容执行。

第四十一条　公司的财务、会计制度依照《中华人民共和国公司法》第八章规定的内容执行。

第四十二条　公司的营业期限为三十年，自公司营业执照签发之日起计算。

公司营业期限届满，可以通过修改公司章程而存续。修改公司章程，须经出席股东大会会议的股东所持表决权的三分之二以上通过。

公司延长营业期限应当办理变更登记，并依法于届满三十日前向公司登记机关提出申请。

第十四章 附 则

第四十三条 公司登记事项以公司登记机关核定的为准。

第四十四条 本章程未规定的其他事项，适用《中华人民共和国公司法》《公司登记管理条例》等法律、法规、规章的有关规定。

本章程中的各项条款如与法律、法规、规章的规定相抵触，以法律、法规、规章的规定为准。

第四十五条 本章程经全体发起人（股东）共同订立，自公司登记之日起生效（国家法律法规另有规定的从其规定）。

第四十六条 本章程一式＿＿份，发起人各留存一份，公司留存一份，并报公司登记机关一份。

第四十七条 本公司章程以本章程为准，如与其他机关备案的章程和文件发生冲突的以本章程为准。

全体发起人及投资人签字、盖章：

＿＿＿＿＿＿ 公司

年 月 日

范本使用指南：

股权激励一般都会涉及修改公司的章程，那么这里再给大家分享一份有关于有限责任公司的章程范本。有限责任公司的章程更为灵活，可以自由地约定一些股权激励方案中涉及的优先股、AB 股以及分红权利、增值权的行使的条款，有的可以专门在章程里面体现出来对小股东的保护条款，对激励对象来说更为有利。

因为前面介绍了章程的一些内容，大家在做具体的章程的时候要在符合股权激励方案的同时制定一些科学、合理的公司章程。

本范本中包含了有关设立董事会、监事，设立董事会、监事会，以及只有执行董事和监事的几种公司章程，供大家针对不同情况进行参考适用。

有限公司章程参考文本［适用于（设董事会、监事的）有限责任公司］

_____有限责任公司章程

为维护公司、股东和债权人的合法权益，规范公司的组织和行为，依据《中华人民共和国公司法》（以下简称《公司法》）、《公司登记管理条例》及有关法律、法规、规章的规定，制定本章程。

第一章 公司名称和住所

第一条 公司名称：_____。

第二条 住所：_____。（注：明确表述所在市（区）、县、乡镇（村）及街道门牌号码、楼宇号码。）

第二章 公司经营范围

第三条 公司经营范围：_____（以上经营范围以公司登记机关核发的营业执照记载的事项为准；涉及许可经营项目的，应在取得有关部门的许可后方可经营）。

公司改变经营范围，应当修改公司章程，并向公司登记机关办理变更登记。

第三章 公司注册资本

第四条 公司注册资本为_____万元人民币，为在公司登记机关登记的全体股东认缴的出资额。

公司变更注册资本，应当修改公司章程，并向登记机关申请变更登记。

第四章 股东的姓名或者名称、出资额、出资方式及出资时间

第五条 股东的姓名或者名称、出资额、出资方式及出资时间如下：

股东姓名（或名称）	认缴情况			实缴情况			余额缴付情况		
	出资额（万元）	出资方式	持股比例（%）	出资额（万元）	出资方式	出资时间	出资额（万元）	出资方式	出资时间（股东约定时间）
合计									

（注：股东出资时间应在公司营业期限内，公司设立时注册资本实缴到位的可删除余额缴付情况栏．）

第五章 公司的机构及其产生办法、职权、议事规则

第六条 股东会由全体股东组成，是公司的权力机构，行使下列职权：

（一）决定公司的经营方针和投资计划；

（二）选举和更换非由职工代表担任的董事、监事，决定有关董事、监事的报酬事项，股东会选举董事、监事实行累积投票制；

（三）审议批准董事会的报告；

（四）审议批准监事的报告；

（五）审议批准公司的年度财务预算方案、决算方案；

（六）审议批准公司的利润分配方案和弥补亏损的方案；

（七）对公司增加或者减少注册资本作出决议；

（八）对发行公司债券作出决议；

（九）对公司合并、分立、解散、清算或者变更公司形式作出决议；

（十）修改公司章程；

（十一）公司转让、受让重大资产（达到公司总资产 10% 以上的）或者对外提供担保等事项必须经股东大会作出决议的，董事会应当及时召集股东大会会议，由股东大会就上述事项进行表决；

（十二）公司章程规定的其他职权。（注：由股东自行确定，如股东不作具体规定应将此项删除。）

股东可以委托代理人出席股东大会会议，代理人应当向公司提交股东授权委托书，并在授权范围内行使表决权。

对前款所列事项股东以书面形式一致表示同意的，可以不召开股东会会议，直接作出决定，并由全体股东在决定文件上签名、盖章。

第七条 首次股东会会议由出资最多的股东召集和主持，依照《公司法》及本章程规定行使职权。

第八条 股东会会议分为定期会议和临时会议。

定期会议每年召开一次（注：由股东自行确定召开的次数和时间）。代表十分之一以上表决权的股东，三分之一以上的董事，监事提议召开临时会议的，应当召开临时会议。

召开股东会会议，应当于会议召开十五日以前通知全体股东（注：全体股东可自行确定通知时间）。

股东会应当对所议事项的决定作成会议记录，出席会议的股东应当在会议记录上签名（或盖章）。

第九条 股东会会议由董事会召集，董事长主持；董事长不能履行职务或者不履行职务的，由副董事长主持；副董事长不能履行职务的，由半数以上董事共同推举一名董事主持（注：可以不设副董事长，这条就要修改）。

董事会不能履行或者不履行召集股东会会议职责的，由监事召集和主持；监事不召集和主持的，代表十分之一以上表决权的股东可以自行召集和主持。

第十条 股东会会议由股东按照实缴出资比例行使表决权。但是，公司持有的本公司股份没有表决权（注：本条可由股东自行确定按照何种方式行使表决权）。

第十一条 股东会会议作出修改公司章程、增加或者减少注册资本的决议，以及公司合并、分立、解散或者变更公司形式的决议，必须经代表三分之二以上表决权的股东通过。

其他事项必须经代表二分之一以上表决权的股东通过（注：股东会的其他议事方式和表决程序可由股东自行确定）。

第十二条 公司设董事会，成员为____人（注：成员为三人至十三人），由股东会选举产生。董事任期____年（注：每届任期不得超过三年。），任期届满，连选可以连任。

董事会设董事长一人，由董事会选举产生（注：1. 可以设副董事长。2. 董事长、副董事长的产生办法由股东自行确定）。

董事任期届满未及时改选，或者董事在任期内辞职导致董事会成员低于法定人数的，在改选出的董事就任前，原董事仍应当依照法律、行政法规和本章程的规定，履行董事职务。

第十三条 董事会对股东会负责，行使下列职权：

（一）召集股东会会议，并向股东会报告工作；

（二）执行股东会的决议；

（三）决定公司的经营计划和投资方案；

（四）制订公司的年度财务预算方案、决算方案；

（五）制订公司的利润分配方案和弥补亏损方案；

（六）制订公司增加或者减少注册资本以及发行公司债券的方案；

（七）制订公司合并、分立、解散或者变更公司形式的方案；

（八）决定公司内部管理机构的设置；

（九）决定聘任或者解聘公司经理及其报酬事项，并根据经理的提名决定聘任或者解聘公司副经理、财务负责人及其报酬事项；

（十）制定公司的基本管理制度；

（十一）公司章程规定的其他职权。（注：由股东自行确定，如股东不作具体规定应将此项删除。）

第十四条 董事会会议由董事长召集和主持；董事长不能履行职务或者不履行职务的，由副董事长主持；副董事长不能履行职务的，由半数以上董事共同推举一名董事主持。（注：可以不设副董事长，这条就要修改）。

第十五条 董事会决议的表决，实行一人一票，施行少数服从多数原则，即赞成票多于反对票即可（注：这条可以根据实际情况进行修改）。

如果参与表决的董事人数为偶数（或者赞成票与反对票，票数相当的，董事长可以拥有两票，最终决定投票结果）（注：该条可以根据实际情况进行修改）。

董事会应当对所议事项的决定作成会议记录，出席会议的董事应当在会议记录上签名（注：董事会的议事方式和表决程序，由股东自行确定）。

董事会会议，应由董事本人出席；董事因故不能出席，可以书面委托其他董事代为出席，委托书中应载明授权范围。

董事会应当对会议所议事项的决定作成会议记录，出席会议的董事应当在会议记录上签名。

董事应当对董事会的决议承担责任。董事会的决议违反法律、行政法规或者公司章程、股东大会决议，致使公司遭受严重损失的，参与决议的董事对公司负赔偿责任。

但经证明在表决时曾表明异议并记载于会议记录的，该董事可以免除责任。

第十六条 公司设经理，由董事会决定聘任或者解聘。经理对董事会负责，行使下列职权：

（一）主持公司的生产经营管理工作，组织实施董事会决议；

（二）组织实施公司年度经营计划和投资方案；

（三）拟订公司内部管理机构设置方案；

（四）拟订公司的基本管理制度；

（五）制定公司的具体规章；

（六）提请聘任或者解聘公司副经理、财务负责人；

（七）决定聘任或者解聘除应由董事会决定聘任或者解聘以外的负责管理人员；

（八）董事会授予的其他职权（注：1.由董事会自行确定，如董事会不作具体规定应将此条删除。2.公司章程对经理职权还可作出其他规定）。

经理列席董事会会议。

第十七条 公司设监事一人。监事由公司股东会选举产生。董事、高级管理人员不得兼任监事。

监事的任期每届为三年，任期届满，连选可以连任。

第十八条 监事行使下列职权：

（一）检查公司财务；

（二）对董事、高级管理人员执行公司职务的行为进行监督，对违反法律、行政法规、公司章程或者股东会决议的董事、高级管理人员提出罢免的建议；

（三）当董事、高级管理人员的行为损害公司的利益时，要求董事、高级管理人员予以纠正；

（四）提议召开临时股东会会议，在董事会不履行本法规定的召集和主持股东会会议职责时召集和主持股东会会议；

（五）向股东会会议提出提案；

（六）依照《公司法》第一百五十二条的规定，对董事、高级管理人员提起诉讼；

（七）公司章程规定的其他职权（注：由股东自行确定，如股东不作具体规定应将此项删除）。

监事可以列席董事会会议。

第六章 公司的法定代表人

第十九条 董事长为公司的法定代表人（注：也可以约定由经理担任）。

公司法定代表人变更，应当办理变更登记。

第二十条 法定代表人行使下列职权：

（一）代表公司签署有关文件；

（二）在发生战争、特大自然灾害等紧急情况下，对公司事务行使特别裁决权和处置权，但这类裁决权和处置权须符合公司利益，并在事后向股东报告。

（三）公司章程规定的其他职权（注：由股东会或者董事会自行确定，如不作具体规定应将此项删除）。

第七章 公司利润分配办法

第二十一条 税后利润的分配按照实缴出资比例进行分配。公司持有的本公司股份不得分配利润。

公司一年进行一次分配利润，次年__月底前对上年度取得的分分配利润进行分配；每次利润分配的额度不得低于可分配利润的__%；股东会另有决议的除外。

第八章 公司的解散事由与清算办法

第二十二条 公司有以下情形之一时，解散并进行清算：

（一）公司章程规定的营业期限届满或者公司章程规定的其他解散事由出现；

（二）股东大会决议解散；

（三）因公司合并或者分立需要解散；

（四）依法被吊销营业执照、责令关闭或者被撤销；

（五）人民法院依照《公司法》第一百八十三条的规定予以解散。

股东会会议认为需要规定的其他事项

第九章 公司的通知和公告办法

第二十三条 公司通知股东或者董事、监事、高级管理人员的方式可采用邮递、电子邮件、微信、短信、电话、全国性发行的报纸公告等送达形式。

公司通知采用邮递、电子邮件、微信、短信、电话形式的，按照股东预留给公司的通讯录上记载的联系方式进行通知，如通信方式发生变化必须在48小时内书面向公司备案。

以邮递方式进行送达的以签收后视为送达，以电子邮件、微信、短信方式送达的发出后即视为送达，以电话方式进行送达的电话接通后视为及时送达，以公告形式送达的公告后3日（含公告当日）内视为送达。

第十章 股东会会议认为需要规定的其他事项

第二十四条 公司的股权转让依照《公司法》第三章规定的内容执行（注：公司章程可另有规定）。

第二十五条 公司董事、监事、高级管理人员的资格和义务依照《公司法》第六章规定的内容执行。

第二十六条 公司的财务、会计制度依照《公司法》第八章规定的内容执行。

第二十七条　公司解散和清算依照《公司法》《公司登记管理条例》规定的内容执行。

第二十八条　公司的营业期限为__年，自公司营业执照签发之日起计算（注：营业期限也可为长期）。

公司营业期限届满，可以通过修改公司章程而存续。

公司延长营业期限应当办理变更登记。

第十一章　附　则

第二十九条　公司登记事项以公司登记机关核定的为准。

第三十条　本章程未规定的其他事项，适用《公司法》《公司登记管理条例》等法律、法规、规章的有关规定。

本章程中的各项条款如与法律、法规、规章的规定相抵触，以法律、法规、规章的规定为准。

第三十一条　本章程经全体股东共同订立，自公司成立之日起生效（国家法律法规另有规定的从其规定）。

第三十二条　本章程一式__份，股东各留存一份，公司留存一份，并报公司登记机关一份。

全体股东签字、盖章：

　　　　　　　　　　　　　　　　　_____有限责任公司

　　　　　　　　　　　　　　　　　_____年__月__日

公司章程参考文本［适用于（设董事会、监事会的）有限责任公司］

_____有限责任公司章程

（仅供参考）

为维护公司、股东和债权人的合法权益，规范公司的组织和行为，依据《中华人民共和国公司法》（以下简称《公司法》）、《公司登记管理条例》及有关法律、法规、规章的规定，制定本章程。

第一章 公司名称和住所

第一条 公司名称：_____。

第二条 住所：_____［注：明确表述所在市（区）、县、乡镇（村）及街道门牌号码、楼宇号码］。

提示：建议住所与实际经营地址情况一致，否则容易被工商局及税务局列入经营异常名单。

第二章 公司经营范围

第三条 公司经营范围：_____（以上经营范围以公司登记机关核发的营业执照记载的事项为准；涉及许可经营项目的，应在取得有关部门的许可后方可经营）。

公司改变经营范围，应当修改公司章程，并向登记机关办理变更登记。

提示：新业务要及时修改章程，建议不要超范围经营，有的情况可能被认定为交易行为无效，受到工商部门的行政处罚，严重的可能涉嫌非法经营罪。

第三章 公司注册资本

第四条 公司注册资本为_____万元人民币，为在公司登记机关登记的全体股东认缴的出资额。

公司变更注册资本，应当修改公司章程，并向公司登记机关申请变更登记。

第四章 股东的姓名或者名称、出资额、出资方式及出资时间

第五条 股东的姓名或者名称、出资额、出资方式及出资时间如下：

股东姓名（或名称）	认缴情况			实缴情况			余额缴付情况		
	出资额（万元）	出资方式	持股比例（%）	出资额（万元）	出资方式	出资时间	出资额（万元）	出资方式	出资时间（股东约定时间）
合计									

（注：股东出资时间应在公司营业期限内，公司设立时注册资本实缴到位的可删除余额缴付情况栏。）

第五章 公司的机构及其产生办法、职权、议事规则

第六条 股东会由全体股东组成，是公司的权力机构，行使下列职权：

（一）决定公司的经营方针和投资计划；

（二）选举和更换非由职工代表担任的董事、监事，决定有关董事、监事的报酬事项；

（三）审议批准董事会的报告；

（四）审议批准监事的报告；

（五）审议批准公司的年度财务预算方案、决算方案；

（六）审议批准公司的利润分配方案和弥补亏损的方案；

（七）对公司增加或者减少注册资本作出决议；

（八）对发行公司债券作出决议；

（九）对公司合并、分立、解散、清算或者变更公司形式作出决议；

（十）修改公司章程；

（十一）制定和修改股东会、董事会、监事会的议事规则；

（十二）公司章程规定的其他职权（注：由股东自行确定，如股东不作具体规定应将此项删除）。

对前款所列事项股东以书面形式一致表示同意的，可以不召开股东会会议，直接

作出决定，并由全体股东在决定文件上签名、盖章。

提示：以上前十项为股东会法定约定事项，其他为自行可以约定的事项。

第七条 首次股东会会议由出资最多的股东召集和主持，依照《公司法》及本章程规定行使职权。

第八条 股东会会议分为定期会议和临时会议。

定期会议每年召开一次（注：由股东自行确定召开的次数和时间）。代表十分之一以上表决权的股东，三分之一以上的董事，监事会提议召开临时会议的，应当召开临时会议。

召开股东会会议，应当于会议召开十五日以前通知全体股东（注：全体股东可自行确定通知时间）。

股东会应当对所议事项的决定作成会议记录，出席会议的股东应当在会议记录上签名（或盖章）。

第九条 股东会会议由董事会召集，董事长主持；董事长不能履行职务或者不履行职务的，由半数以上董事共同推举一名董事主持（注：设副董事长的，由副董事长主持）。

董事会不能履行或者不履行召集股东会会议职责的，由监事会召集和主持；监事会不召集和主持的，代表十分之一以上表决权的股东可以自行召集和主持。

第十条 股东会会议由股东按照出资比例行使表决权（注：本条可由股东自行确定按照何种方式行使表决权）。

第十一条 股东会会议作出修改公司章程、增加或者减少注册资本的决议，以及公司合并、分立、解散或者变更公司形式的决议，必须经代表三分之二以上表决权的股东通过（注：股东会的其他议事方式和表决程序可由股东自行确定）。

第十二条 公司设董事会，成员为＿＿人（注：成员为三人至十三人），由股东会选举产生。董事任期＿年（注：每届任期不得超过三年），任期届满，连选可以连任。

董事会设董事长一人，由董事会选举产生（注：1.可以设副董事长。2.董事长、副董事长的产生办法由股东自行确定）。

董事任期届满未及时改选，或者董事在任期内辞职导致董事会成员低于法定人数的，在改选出的董事就任前，原董事仍应当依照法律、行政法规和本章程的规定，履行董事职务。

第十三条 董事会对股东会负责，行使下列职权：

（一）召集股东会会议，并向股东会报告工作；

（二）执行股东会的决议；

（三）决定公司的经营计划和投资方案；

（四）制订公司的年度财务预算方案、决算方案；

（五）制订公司的利润分配方案和弥补亏损方案；

（六）制订公司增加或者减少注册资本以及发行公司债券的方案；

（七）制订公司合并、分立、解散或者变更公司形式的方案；

（八）决定公司内部管理机构的设置；

（九）决定聘任或者解聘公司经理及其报酬事项，并根据经理的提名决定聘任或者解聘公司副经理、财务负责人及其报酬事项；

（十）制定公司的基本管理制度；

（十一）公司章程规定的其他职权（注：由股东自行确定，如股东不作具体规定应将此项删除）。

第十四条 董事会会议由董事长召集和主持；董事长不能履行职务或者不履行职务的，由半数以上董事共同推举一名董事召集和主持（注：设副董事长的，由副董事长主持）。

第十五条 董事会决议的表决，实行一人一票。

董事会应当对所议事项的决定作成会议记录，出席会议的董事应当在会议记录上签名（注：董事会的议事方式和表决程序，由股东自行确定）。

第十六条 公司设经理，由董事会决定聘任或者解聘。经理对董事会负责，行使下列职权：

（一）主持公司的生产经营管理工作，组织实施董事会决议；

（二）组织实施公司年度经营计划和投资方案；

（三）拟订公司内部管理机构设置方案；

（四）拟订公司的基本管理制度；

（五）制定公司的具体规章；

（六）提请聘任或者解聘公司副经理、财务负责人；

（七）决定聘任或者解聘除应由董事会决定聘任或者解聘以外的负责管理人员；

（八）董事会授予的其他职权（注：1. 由董事会自行确定，如董事会不作具体规定应将此条删除。2. 公司章程对经理职权还可作出其他规定）。

经理列席董事会会议。

第十七条 公司设监事会，其成员3人，由公司股东会选举产生2名，另外1名由公司职工代表担任（注：监事会成员不得少于三人，由股东自行确定成员，但其中职工代表的比例不得低于三分之一）。董事、高级管理人员不得兼任监事。

监事会设主席一人，由全体监事过半数选举产生。监事会主席召集和主持监事会会议；监事会主席不能履行职务或者不履行职务的，由半数以上监事共同推举一名监事召集和主持监事会会议。

监事的任期每届为三年，任期届满，连选可以连任。

监事任期届满未及时改选，或者监事在任期内辞职导致监事会成员低于法定人数的，在改选出的监事就任前，原监事仍应当依照法律、行政法规和公司章程的规定，履行监事职务。

第十八条 监事会行使下列职权:

(一)检查公司财务;

(二)对董事、高级管理人员执行公司职务的行为进行监督,对违反法律、行政法规、公司章程或者股东会决议的董事、高级管理人员提出罢免的建议;

(三)当董事、高级管理人员的行为损害公司的利益时,要求董事、高级管理人员予以纠正;

(四)提议召开临时股东会会议,在董事会不履行本法规定的召集和主持股东会会议职责时召集和主持股东会会议;

(五)向股东会会议提出提案;

(六)依照《公司法》第一百五十二条的规定,对董事、高级管理人员提起诉讼;

(七)公司章程规定的其他职权(注:由股东自行确定,如股东不作具体规定应将此项删除)。

监事可以列席董事会会议。

第十九条 监事会每年度至少召开一次会议,监事可以提议召开临时监事会会议。监事会决议应当经半数以上监事通过。

监事会应当对所议事项的决定作成会议记录,出席会议的监事应当在会议记录上签名(注:由股东自行确定监事会的其他议事方式和表决程序)。

第六章 公司的法定代表人

第二十条 董事长(或者经理)为公司的法定代表人。

公司法定代表人变更,应当办理变更登记。

第二十一条 法定代表人行使下列职权:

(一)代表公司签署有关文件;

(二)在发生战争、特大自然灾害等紧急情况下,对公司事务行使特别裁决权和处置权,但这类裁决权和处置权须符合公司利益,并在事后向股东报告。

(三)公司章程规定的其他职权(注:由股东会或者董事会自行确定,如不作具体规定应将此项删除)。

第七章 股东会会议认为需要规定的其他事项

第二十二条 公司的股权转让依照《公司法》第三章规定的内容执行(注:公司章程可另有规定)。

第二十三条 公司董事、监事、高级管理人员的资格和义务依照《公司法》第六章规定的内容执行。

第二十四条 公司的财务、会计制度依照《公司法》第八章规定的内容执行。

第二十五条　公司解散和清算依照《公司法》《公司登记管理条例》规定的内容执行。

第二十六条　公司的营业期限为___年，自公司营业执照签发之日起计算（注：营业期限也可为长期）。

公司营业期限届满，可以通过修改公司章程而存续。

公司延长营业期限应当办理变更登记。

第八章　附　则

第二十七条　公司登记事项以公司登记机关核定的为准。

第二十八条　本章程未规定的其他事项，适用《公司法》《公司登记管理条例》等法律、法规、规章的有关规定。

本章程中的各项条款如与法律、法规、规章的规定相抵触，以法律、法规、规章的规定为准。

第二十九条　本章程经全体股东共同订立，自公司成立之日起生效（国家法律法规另有规定的从其规定）。

第三十条　本章程一式___份，股东各留存一份，公司留存一份，并报公司登记机关一份。

全体股东签字、盖章：

_____有限责任公司

年　月　日